明治図書

先生の Canva ハック 60 +α

Canva HACK

全仕事に役立つ万能ツール活用術

前多昌顕

はじめに

　本著は『先生のための ICT ワークハック』『先生のための ICT 超高速業務ハック』に続く，ハックシリーズの３冊目です。１冊目を執筆した当初，私にとって Canva は数あるアプリの中の１つに過ぎませんでした。しかし，その後の機能強化を経て，今では私が ICT を活用した授業を進める上で最も重要なツールの１つとなりました。実際私は，Canva を使わない授業を数えた方が早いくらい，Canva を使いまくっています。その魅力と実用性を，多くの教育関係者と共有したいという思いで，本書を執筆しました。

　近年，デジタルツールの進化は目覚ましく，たくさんの教育で使えるツールが開発されています。そんな中，Canva はその使いやすさと多機能性で多くの教育関係者から注目を集めています。

　デザインの知識がない初心者でも直感的に操作できるインターフェースと，多彩なテンプレート，豊富な素材で，誰でも高品質なビジュアルを短時間で作成することができます。

　もともとはデザインツールとして開発された Canva ですが，現在ではホワイトボード機能や生成 AI 機能などを実装し，オールインワンの総合的なアプリケーションとなっています。

　印刷物，掲示物，プレゼンテーション，ワークシート，動画……。Canva の可能性は無限大です。この本では Canva を学校の授業や業務で使うための具体的な実践例を60事例に厳選して掲載しています。それぞれの事例は「先生が使う」「子どもたちが使う」「授業で使う」の３つに分類しています。

　本書では，コンピュータの操作に不慣れな方でも安心して利用できるように，詳しい手順と図解を用意しています。さらに，特設サイトで操作動画やテンプレートを提供し，スムーズなスタートをサポートします。

　すでに Canva を日常的に使用している先生方も，本書から新しいヒントやアイデアを得ることができるでしょう。より効率的なデザインの作り方，授業での活用方法など，深い内容に触れることができるはずです。

　学校は，子どもたちの未来に橋をかけるための重要な場所です。最新のテクノロジーを取り入れ，より効率的で効果的な授業を実現するための一助として，本書が皆さまのお役に立てることを心より願っています。

前多　昌顕

学校で Canva を使うべき 8 つの理由

1 初心者でも簡単に使いこなせる

Canva の操作方法はシンプルでわかりやすいのが特徴です。初回利用時から，すぐに高品質な作品が作成できるでしょう。経験を積むとオリジナリティ溢れるデザインも作れるようになります。実際に，Canva に初めて触れた方であっても，短時間でクオリティの高い作品を完成させることができるという声が多いです。子どもたちは特に習熟が速く，一度デモンストレーションを見せれば，あとは自ら試行錯誤しながら勝手に操作法を身につけていきます。

2 テンプレートの多彩さ

Canva には多数のテンプレートが用意されており，デザインのスキルがない方でも，プロフェッショナルな仕上がりの作品を作れます。他のソフトウェアと比較しても，Canva のテンプレートは洗練されています。カスタマイズの幅も広いので，必要なデザインをすぐに作り出せます。

3 教育者向けの特別なプラン

「Canva for Education」という教育者向けのサービスがあり，Pro 版の特別な機能も無償で利用可能です。無料版よりデータの保存容量も増加し，容量を気にせず，多くのデザインや素材を使うことができます。教師や学校が登録することで，子どもたちも Pro 版の機能を使えるようになります。

4 豊富な素材やフォント

写真，イラスト，アイコン，動画，音声など，多種多様なデザイン素材を探すことができます。また，多くのフォントが用意されており，日本語を含めたさまざまなスタイルの文字が選択可能です。自分で所有しているフォントをアップロードして使うこともできます。

5 ブラウザベースで軽快な動作

Canva はブラウザベースの Web アプリケーションで，専用のソフトをインストールする必要がありません。どんなデバイスでもアクセス可能で，作成したデザインはオンラインで保存されるため，端末のストレージ容量を気にする必要がありません。操作するたびに保存されているので保存ミスがありません。また，編集履歴を遡って復元できるので，上書きミスによる作品の消失も発生しません。

6 動画の編集も手軽に

動画制作は教育の一環として非常に有効ですが，専門のソフトウェアや機材は手間がかかります。Canva では基本的な動画編集機能が充実しています。特に非力な Chromebook を利用する学校にはありがたい存在です。

7 縦書きテキストの入力が可能

日本の学校で活用する上で，縦書きテキストの入力は必須の機能です。多くの Web アプリは縦書きに対応していませんが，Canva では縦書きのテキストが入力可能です。また，不完全ながら句読点の位置などの禁則処理にも対応しています。

8 先進的な AI 機能

Canva には文章や画像の生成 AI が機能として実装されています。今後もサードパーティーによるプラグインとして続々と AI 機能が追加されます。令和の教育現場では，生成 AI の有効活用が最重要課題となっていきます。

以上のように，Canva には学校で使うべきたくさんの利点があります。
皆さんも本著で紹介している事例を試して，是非これらの利点を実感してください。

この本の使い方

　まずは第1章の「01　Canva for Education に登録してプレミアム機能を使う」を見ながら，Canva for Education に登録しましょう。本書で紹介している事例の多くは Canva for Education または有料プランに登録していなければ実施できません。Canva for Education の審査結果が届くまでは，Canva Pro の無料トライアルに登録してお試しください。

　Canva をあまり使ったことがない方は，事例02〜05の「名刺を作成する」から始めてみることをおすすめします。名刺づくりを通して Canva の基本的な操作を身につけられます。

　掲載順に事例を試してもいいのですが，目次を見て興味がある事例から試してみてください。どの事例から始めてもスムーズに作業できるように，紙面が許す限り手順を省略せずに解説しています。同じような説明が繰り返し出てくるので，慣れてくると冗長に感じると思いますが，それは Canva の操作が身についてきた証拠です。

　本書では事例を整理するために便宜上「先生が使う」「子どもたちが使う」「授業で使う」の3つに分類していますが，名刺づくりを子どもたちにやらせてみたり，先生が写真入りのカレンダーを作ったりと，どんな場面にでも流用可能です。自由にアレンジしてください。

　事例タイトルの下に，教科と，スキルを記載しています。
　教科は，私が実施することが多い教科を記載していますので参考にしてください。
　スキルは，その事例で主に紹介する Canva スキルを提示しています。

　Canva 活用のポイントには，操作手順を文章で記しています。クリックするところは下線を引いてわかりやすくしてあります。ぜひ実際に Canva を開いて操作しながら読み進めてください。

　本文右側のページには操作手順を図にして掲載しています。左側ページの見出しに沿って整理しています。紙面の都合上，全ての操作を図にすることはできませんので，操作に戸惑いそうなものに絞っています。

　できるだけ紙面だけで伝わるように努力しましたが，それでも伝わりきらない点が多々あると思います。そこで，操作手順を動画で確認できる特設サイトを用意しました。

　下記の QR コードをスキャンしてユーザー名・パスワードを入力し，サイトをブックマークしてお使いください。

■ユーザー名：331428
■パスワード：Canvahack60

　各ページの内容に対応した動画と，解説図のカラー版を閲覧できます。
　内容によっては Canva のテンプレートリンクと，素材ファイルのダウンロードリンクも掲載しています。

CONTENTS

はじめに

■学校で Canva を使うべき8つの理由

■この本の使い方

第 2 章　慣れてきたら！
「子どもたちが使う」ステップ

Column

※本書に記載されている情報は，特に断りがない限り，執筆時点での情報に基づいています。ご利用時には変更されている場合がありますので，ご注意ください。

Canva
HACK

第1章

まずはここから！

「先生が使う」
ステップ

01 Canva for Education に登録して プレミアム機能を使う

スキル	Canva へ登録／Canva for Education に登録申請／招待リンク

> Canva に登録するには Google や Microsoft のアカウントを使うのが簡単です。教師として登録，さらに Canva for Education に登録して無料で有料機能を使えるようになります。

━● Canva活用のポイント ━━━━━━━━━━━━━━

① Canva に登録する

　Canva のトップページ（https://www.canva.com/）を開き，右上の登録をクリックします。Google のアカウントで登録する場合は，Google で続行をクリックします。Microsoft アカウントで登録する場合は別の方法で続けるをクリックすると Microsoft で続行が表示されます。他に Apple，Facebook，Clever，その他のメールアドレスで登録できます。

② Canva for Education に登録する

　初等または中等教育学校（幼小中高）の教員の場合は Canva for Education に登録して，有料機能を無料で使うことができます。申し込み画面で開始するをクリックします。氏名，学校名，学校所在地等の情報を入力して続行をクリックします。

　教員である証明書類の提出を求められるのであらかじめ用意しておいた教員免許の画像をアップロードして送信をクリックします。教えている教科，校種，学年を設定して送信をクリックします。申請が承認されるのを待ちましょう。

③ 子どもたちをチームに加える

　チームに子どもたちを追加すると，申請承認後に子どもたちも有料機能を使えるようになります。招待リンクを取得して子どもたちに伝え，リンクを開かせるだけで追加完了です。後で招待する場合はホーム画面で右上の歯車アイコン→左サイドバーのメンバー→他のメンバーを招待の順にクリックすると招待リンクを取得できます。

　※子どもたちを追加するには保護者の承諾が必要です。事前に準備しておきましょう。

1　Canvaに登録する

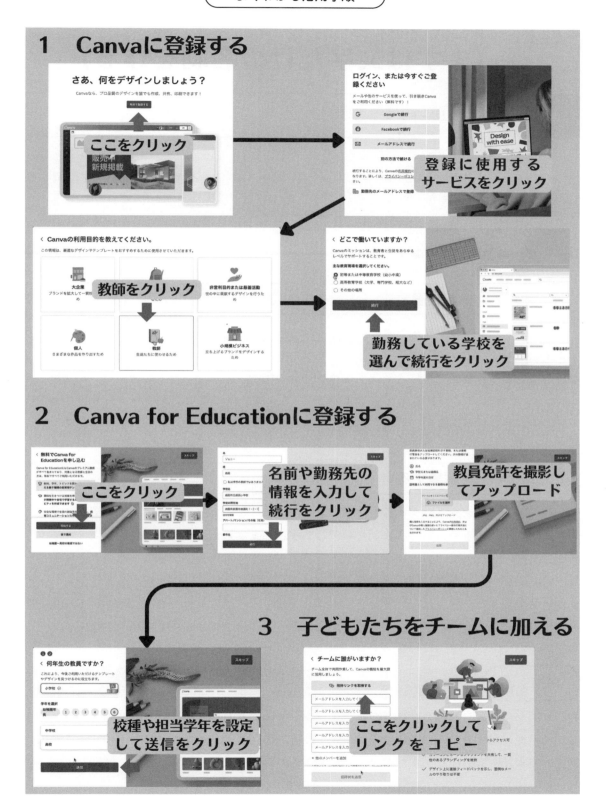

さあ、何をデザインしましょう？

ここをクリック

ログイン、または今すぐご登録ください

登録に使用するサービスをクリック

Canvaの利用目的を教えてください。

教師をクリック

どこで働いていますか？

勤務している学校を選んで続行をクリック

2　Canva for Educationに登録する

ここをクリック

名前や勤務先の情報を入力して続行をクリック

教員免許を撮影してアップロード

3　子どもたちをチームに加える

何年生の教員ですか？

校種や担当学年を設定して送信をクリック

チームに誰がいますか？

ここをクリックしてリンクをコピー

02 名刺を作成する① （まずは文字だけの名刺を作る）

スキル テンプレート／背景色の変更

　これから Canva を始めたい人は，まずは名刺づくりから始めて，Canva の基本的な操作を身につけましょう。テンプレートを選んで画像やテキストを入れ替えるだけで素敵な名刺ができます。

●── Canva活用のポイント

① テンプレートを選ぶ

　Canva のトップページのメニューバーで注目のデザイン機能をクリックして名刺をクリックします。名刺を作成するをクリックして，左サイドバーの名刺のテンプレートから，気に入ったデザインを探します。気に入ったデザインがない場合はテンプレートの検索バーに「青」や「かわいい」などのワードを入力して絞り込みできます。使いたいテンプレートをクリックして両方のページに適用または適用したいページをクリックするとテンプレートがデザインに反映されます。

② デザインを編集する

　名前のテキストをクリックすると編集できるようになるので，自分の名前に変更しましょう。同じように，肩書きやローマ字表記を編集します。不要な要素は，アイコンやテキストをクリックして削除しましょう。テキストがグループ化されている場合はテキストを個別に削除できないので，グループを右クリック（ダブルタップ）して一旦グループを解除します。

　背景色を変えたい場合は，背景をクリックしてから，左上の背景色をクリックして，色を選択します。アイコンも，クリックして左上にカラーが表示されたら色を変更できます。

PLUS α 印刷しよう

　デザインが完成したら右上の共有をクリックして画像としてダウンロードすると，名刺印刷アプリ等で印刷することができます。Canva の導入として子どもたちに名刺を作らせるのもおすすめです。有料になりますが Canva から名刺を発注することもできます。

1 テンプレートを選ぶ

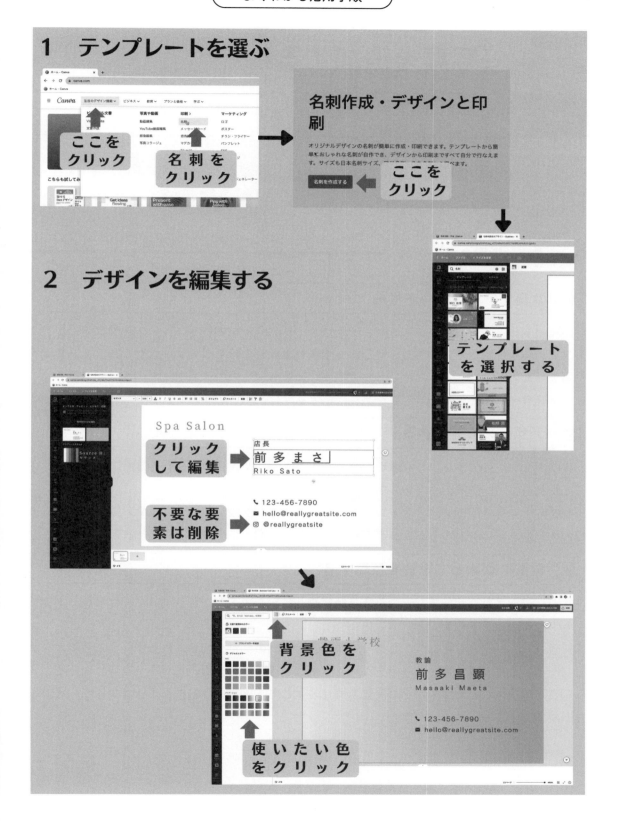

名刺作成・デザインと印刷

オリジナルデザインの名刺が簡単に作成・印刷できます。テンプレートから簡単におしゃれな名刺が自作でき、デザインから印刷まですべて自分で行なえます。サイズも日本名刺サイズ、アメリカンサイズなどから選べます。

ここをクリック

名刺をクリック

ここをクリック

テンプレートを選択する

2 デザインを編集する

Spa Salon

クリックして編集

店長
前多まさ
Riko Sato

不要な要素は削除

☎ 123-456-7890
✉ hello@reallygreatsite.com
◎ @reallygreatsite

背景色をクリック

教諭
前多昌顕
Masaaki Maeta

☎ 123-456-7890
✉ hello@reallygreatsite.com

使いたい色をクリック

名刺を作成する②
（写真を追加する）

スキル	画像のアップロード／画像のサイズ変更／背景リムーバ

文字だけの名刺ができたら，写真を追加してみましょう。写真を追加したら数クリックするだけで写真の背景を削除できます。必要に応じて写真の向きを反転することもできます。

●── Canva活用のポイント ──

① 写真をアップロードする

　左サイドバーのアップロードをクリックして，ファイルをアップロードをクリックします。
　ファイル選択画面でアップロードしたい画像を選択して開くをクリックするとアップロードが始まります。
　アップロードが完了すると左サイドバーにアップロードした画像が表示されます。

② デザインに挿入する

　左サイドバーに表示された画像をクリックするとデザインに挿入されます。画像をドラッグして位置を整え，四隅のハンドルをドラッグして大きさを整えましょう。
　画像の下にある回転矢印のアイコンをドラッグすると画像を回転できます。画像上下左右の辺の中央にあるハンドルをドラッグすると余分な部分をトリミングできます。

③ 背景を削除して写真を反転する

　写真が選択された状態で左上の写真を編集をクリックすると，左サイドバーに写真のエフェクトツールが表示されます。
　背景リムーバをクリックしてしばらく待つと，写真の背景が削除されます。うまく消えなかった時は，もう一度背景リムーバをクリックすると修正できます。
　写真が選択された状態で左上の反転をクリックして，水平に反転をクリックすると，写真を左右反転できます。

1　写真をアップロードする

ファイルをアップロードをクリック

アップロードをクリックしてから

ファイルを選択してから開くをクリック

2　デザインに挿入する

クリックして挿入

戯画小学校

教諭
前多昌顕
Masaaki Maeta

トリミング

123-456-7890

hello@reallygreatsite.com

拡大縮小

回転

3　背景を削除して写真を反転する

写真を編集をクリック

背景リムーバをクリック

反転をクリック

水平に反転をクリック

名刺を作成する③（QR コードを挿入する）

スキル	QR コード

> 名刺に QR コードを載せると連絡を取りやすくなります。Canva は簡単に QR コードを作成できます。色や余白の変更も可能です。

●── Canva活用のポイント

① サイトの URL を QR コードにする

左サイドバーのアプリをクリックして QR コードをクリックします。

URL 欄に URL を記入して，QR コードを生成をクリックするとデザインに QR コードが挿入されるので，大きさと位置を整えます。挿入された QR コードをスマートフォン等で読み取るとサイトを開くことができます。

② 電話番号やメールアドレスを QR コードにする

URL 欄に電話番号を記入して生成した QR コードを読み取るとスマートフォンの電話アプリが起動され，電話をかけることができます。

同じように URL 欄にメールアドレスを記入して生成した QR コードを読み取ると，メールアプリが起動してメールを送信することもできます。

③ QR コードをカスタマイズする

QR コードを生成する前に，カスタマイズを展開すると，背景色（通常の QR コードの白い部分）と，前景色（通常の QR コードの黒い部分）を変更できます。

余白のスライダをドラッグすると，QR コードの余白幅を調整できます。余白を 0 にした QR コードをデザインに挿入すると，デザインの背景によっては上手く読み込めない場合があるので注意が必要です。

1 サイトのURLをQRコードにする

2 電話番号やメールアドレスをQRコードにする

3 QRコードをカスタマイズする

名刺を作成する④
（画像としてダウンロード）

スキル	デザイン名の設定／デザインのダウンロード

作成した名刺を名刺作成ソフトで印刷するためには，作成したデザインを画像としてダウンロードする必要があります。デザインは画像の他に PDF や動画などさまざまな種類でダウンロードできます。

●── Canva活用のポイント ──────────────

① デザイン名を設定する

デザイン名がそのままダウンロードするファイルの名前になるので，先にデザイン名を設定します。右上のアカウントアイコンの左側のテキストをクリックするとファイル名を変更できます。

端末の画面が狭い場合はデザイン名が表示されていない場合があります。その場合は，メニューバーの<u>ファイル</u>をクリックすると表示されるプルダウンメニューの一番上にデザイン名が表示されます。<u>鉛筆アイコン</u>をクリックするとデザイン名を変更できます。

② PNG で保存する

右上の<u>共有</u>をクリックして，<u>ダウンロード</u>をクリックします。サイズのスライダをドラッグするとダウンロードする画像のサイズを変更できます。名刺作成ソフトに取り込むのであれば，初期値のままで問題ありません。背景が単色の場合に，背景透過をオンにすると，透過処理された画像として保存できます。設定が終わったら<u>ダウンロード</u>をクリックすると，ファイルが端末にダウンロードされます。

③ JPG で保存する

使用するアプリによっては JPG 形式の画像しか使えない場合があります。ダウンロードの画面でファイルの種類を展開して JPG を選択します。サイズと品質を変更できますが，JPG では背景透過は選択できません。

その他，PDF や SVG，GIF 形式でダウンロードできます。必要に応じて使い分けましょう。

1　デザイン名を設定する

クリックして
デザイン名を入力

※右上にデザイン名が表示されない場合

ファイルをクリック

アイコンをクリックしてデザイン名を入力

教諭
前多昌顕
Masaaki Maeta

https://youtube.com/@maetaict

2　PNGで保存する

共有をクリック

ダウンロードをクリック

サイズ他を設定してダウンロードをクリック

教諭
前多昌顕
Masaaki Maeta

https://youtube.com/@ma

3　JPGで保存する

他の形式でも保存可能

06 学級通信を作成する①
（テンプレートから作る）

スキル	テンプレートの使用／画像の差し替え

検索バーで絞り込んでから気に入ったテンプレートを探して学級通信を作ってみましょう。

●── Canva活用のポイント ──

① テンプレートを検索する

　ホーム画面の上中央にある検索バーに「新聞　日本語」と入力してエンターキーを押します。たくさんのテンプレートが表示されるので気に入ったものを探してクリックします。

　テンプレートを使用する場合は，このテンプレートをカスタマイズをクリックします。

② テキストを編集する

　デザイン名がテンプレート名のままになっているので変更します。

　変更したいテキストをダブルクリックするとテキストを編集できます。

　文字数が合わない時はテキストエリアのハンドルをドラッグしてサイズを調整しましょう。

　テキストや図形がグループ化されていて個別にサイズを変更できない場合は，グループ化された図形等をクリックしてグループ解除をクリックします。フォントや色を変えて，自分好みに変更していきましょう。

③ 写真を入れ替える

　左サイドバーのアップロードをクリックして，写真をアップロードします。使いたい写真を左サイドバーからテンプレートの画像の上にドラッグ＆ドロップすると写真が差し替えられます。切り抜きを調整したい時は，該当の写真をダブルクリックします。

1 テンプレートを検索する

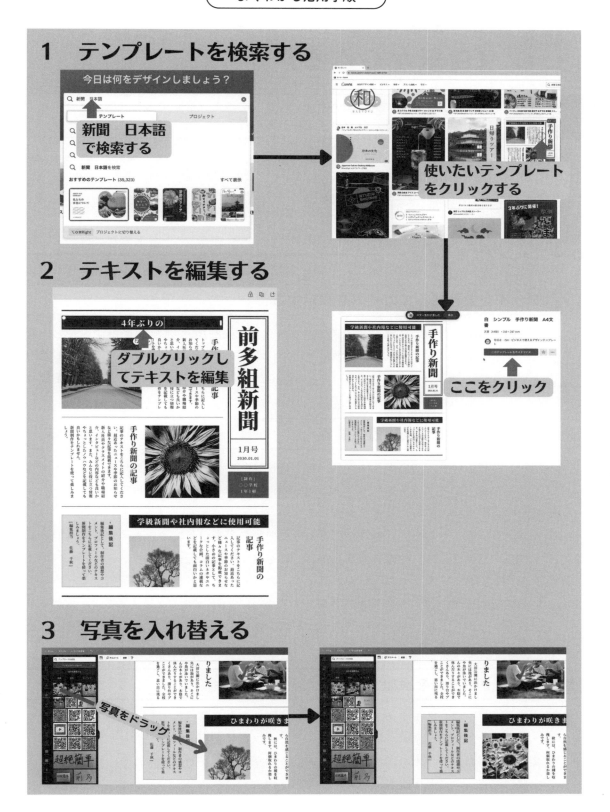

新聞　日本語で検索する

使いたいテンプレートをクリックする

2 テキストを編集する

ダブルクリックしてテキストを編集

ここをクリック

3 写真を入れ替える

写真をドラッグ

学級通信を作成する②（白紙から作る）

スキル　カスタムサイズ／ガイドの追加／四角形の挿入／要素の複製／罫線スタイル／図形の色の変更／ロック／フレームの挿入

Canva なら白紙から学級通信を作るのも簡単です。ガイドを追加するとタイトルや記事のサイズをきれいに揃えられます。写真フレームを挿入すると色々な形に写真を切り抜けます。

●── Canva活用のポイント ────────────────

① デザインを作成してガイドを設定する

　ホーム画面の右上にあるカスタムサイズをクリックして幅297mm 高さ210mm に設定し，新しいデザインを作成をクリックします。メニューバーのファイルをクリックして表示の設定→ガイドを追加するの順にクリックします。カスタムをクリックして列と行とギャップを設定（例：12列，6行，2mm）してガイドを追加するをクリックします。

② タイトル欄，記事欄を設定する

　キーボードのRを押して四角形を挿入し，左上に移動して，ガイドに合わせて大きさを調整し，タイトルを記入するエリアを作ります。Alt（option）キーを押しながら四角形をドラッグし，その他の記事を記入するエリアを作成します。

　右半分はいろいろなものを貼り付けられるように白紙のままにしておきます。お好みで，罫線スタイルをクリックして，枠線を表示したり，角を丸くしたりします。

　四角形をクリックして左上のカラーをクリック，カラーパレットから色を選択して，塗りつぶしの色を変更します。タイトル欄の四角形を右クリック（ダブルタップ），ロックをクリックして移動できなくします。その他の四角形は記事の長さに応じて大きさを変更できるようにそのままにしておきます。

③ テキストや写真を追加する

　キーボードのＴを押してテキストを追加したり，画像をアップロードしたりして学級通信を書いていきます。左サイドバーの素材をクリックしてフレームを検索してデザインに挿入後，フレームに写真をドロップするとフレームの形に合わせて写真が切り抜かれます。

1 デザインを作成してガイドを設定する

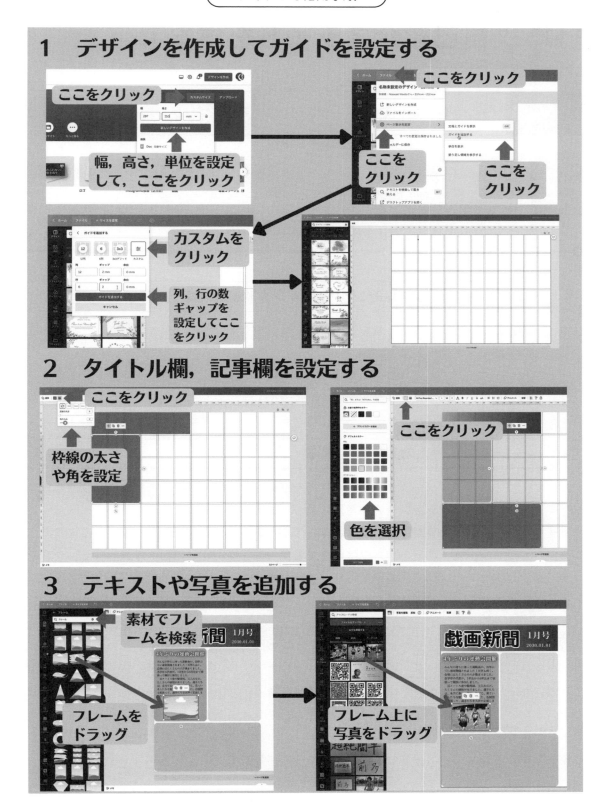

ここをクリック

幅，高さ，単位を設定して，ここをクリック

ここをクリック

ここをクリック

ここをクリック

カスタムをクリック

列，行の数
ギャップを
設定してここ
をクリック

2 タイトル欄，記事欄を設定する

ここをクリック

枠線の太さ
や角を設定

ここをクリック

色を選択

3 テキストや写真を追加する

素材でフレームを検索

フレームを
ドラッグ

フレーム上に
写真をドラッグ

自己紹介スライドを作る①

スキル テンプレートの検索／ページの切り替え効果／プレゼンテーションの開始

Canvaは印刷物だけじゃなく，プレゼンテーションのスライドも作れます。ここでは自己紹介スライドの作成を通して，Canvaプレゼンテーションの基礎を身につけていきましょう。

●── **Canva活用のポイント** ━━━━━━━━━

① テンプレートからプレゼンテーションを作成する

ホーム画面のプレゼンテーションをクリックして，プレゼンテーション（16：9）をクリックして空のデザインを選択します。

開いたら，左サイドバーで「自己紹介 教育」を検索します。気になるテンプレートをクリックして内容を確認し，気に入ったらデザインに適用します。名前や画像を自分のものに入れ替えましょう。必要ないページは下のページのサムネイルをクリック後に削除しましょう。

② ページの切り替え効果を設定する

サムネイルのページとページの間にポインタを移動して，切り替えを追加をクリックします。左サイドバーにトランジション（切り替え効果）が表示されます。

ポインタを乗せると効果がプレビューされるので，気に入ったものをクリックすると適用されます。トランジションの長さや方向は自分で設定できます。すべてのトランジションを同じにする場合はすべてのページに適用をクリックします。

③ 発表する

右上のプレゼンテーションをクリックすると，発表の方法を選択できます。ここでは全画面表示を選択して，プレゼンテーションをクリックします。

右方向キー（スペースキー）を押すとスライドが進み，左方向キーを押すとスライドが戻ります。または，画面の中央より右をクリックするとスライドが進み，左端をクリックするとスライドが戻ります。

発表を終わる時はキーボードのエスケープキーを押します。

1 テンプレートからプレゼンテーションを作成する

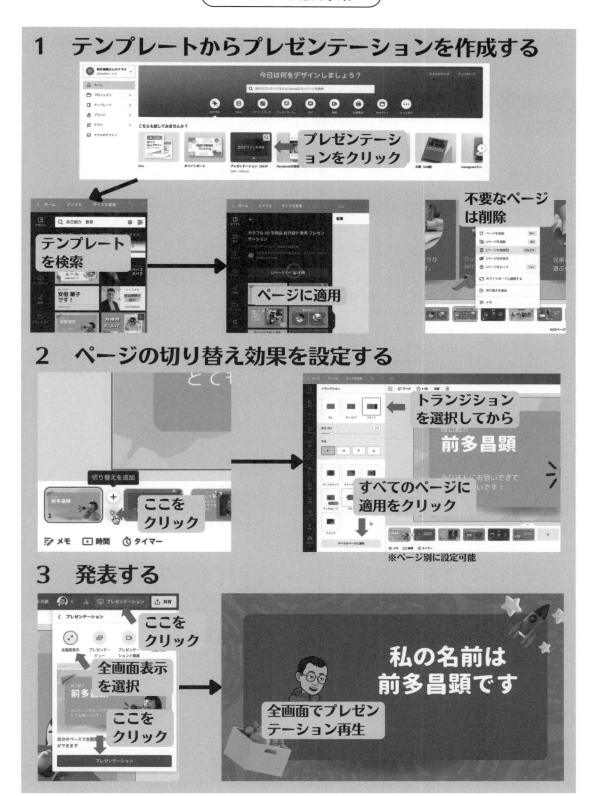

プレゼンテーションをクリック

テンプレートを検索

ページに適用

不要なページは削除

2 ページの切り替え効果を設定する

切り替えを追加

ここをクリック

トランジションを選択してから

すべてのページに適用をクリック

※ページ別に設定可能

3 発表する

ここをクリック

全画面表示を選択

ここをクリック

全画面でプレゼンテーション再生

私の名前は前多昌顕です

09　自己紹介スライドを作る②

スキル　グループ化／グループの解除／レイヤー／アニメート／アニメーションの作成

複数の素材を選択してグループ化すると，素材をまとめて移動したり大きさを変えたりできます。素材の表示にアニメーションを設定すると発表にアクセントをつけられます。

○──　Canva活用のポイント

① グループ化／グループ解除

　テンプレートによってはテキストや素材がグループ化されているものがあります。グループ化されていると，複数のオブジェクトをまとめて移動したり拡大・縮小したりできます。

　個別の移動や拡大・縮小をしたい時はグループをクリックしてグループ解除をクリックします。再度グループ化したい時はシフトキーを押しながら素材を複数選択してグループ化をクリックします。

② レイヤー

　素材の選択や上下の重なり変更は，ページ上の素材を右クリック（ダブルタップ）してレイヤー→レイヤーを表示の順にクリックします。左サイドバーに表示された素材をドラッグすると重なり順を変更できます。

　左サイドバーで複数の素材を選択して右クリック（ダブルタップ）→グループ化をクリックすると素材をグループ化できます。ページ上での複数選択と違い，Ctrl（command）キーを押しながらクリックなので，注意が必要です。

③ ページが表示された時のアニメーションを設定する

　メニューバーのアニメートをクリックすると左サイドバーにアニメーションパターンが表示され，ポインタを乗せるとプレビューされます。ページのアニメーションはページの全体にアニメーション効果がかかります。素材（写真）のアニメーションは素材（グループ）毎にアニメーション効果を設定できます。アニメーションを作成をクリックして素材をドラッグすると，軌跡に沿ったアニメーションを作成できます。なお，現時点ではプレゼンテーションソフトのようにアニメーションの表示タイミングを自由に設定することはできません。

1 グループ化／グループ解除

2 レイヤー

ここをクリック

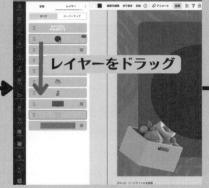

3 ページが表示された時のアニメーションを設定する

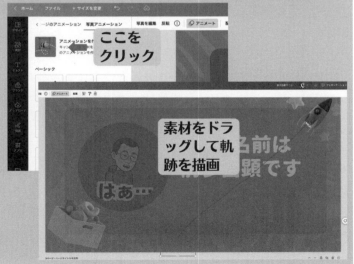

10 プレゼンタービューと プレゼンテーションの録画を使う

スキル	プレゼンタービュー／プレゼンテーションの録画

プレゼンタービューを使うと，メモや次のスライドを確認しながら発表できます。プレゼンテーションを録画してリンクを配付すると，非同期で発表を聞いてもらうことができます。

○── Canva活用のポイント ──

① プレゼンタービューを使う

ページの下にあるメモをクリックすると左サイドバーにメモを記入できるようになります。このメモはプレゼンタービューに表示されます。

右上のプレゼンテーションをクリックしてプレゼンタービュー→プレゼンテーションの順にクリックすると新しいタブに参加者ウィンドウが開きます。このタブをプロジェクタに表示したり，ビデオ会議で共有したりしましょう。プレゼンテーションウィンドウではプレゼンテーションタイマーや次のスライド，メモ欄などが表示されます。

② プレゼンテーションを録画する

プレゼンテーションをクリックして，プレゼンテーションと録画→次へ→レコーディングスタジオへ移動の順にクリックします。カメラ（カメラなしも選べます）とマイクを選択して録画を開始をクリックします。これでプレゼンタービューでスライドを操作しながら発表を録画できます。

録画が終わったら録画を終了をクリックしてアップロードを待ちます。録画リンクをコピーして保存して終了をクリックします。ここで録画をダウンロードすることもできます。

コピーした録画リンクはメールやメッセンジャーアプリで送ったり，QRコードにして添付したりして配付しましょう。リンクを開くとプレゼンテーションの様子を動画で再生することができます。撮影後にスライドの誤字などを修正すると，動画のスライドも修正されます。また，リンク発行後に動画を撮り直しても，新たにリンクを発行せずに，配付したリンクをそのまま使えます。なお，ダウンロードした動画には修正や撮り直しは反映されないので，その都度再ダウンロードが必要です。プレゼンテーションから動画を削除すると，録画リンクから動画は消えますがスライド自体は閲覧できるままになります。

1　プレゼンタービューを使う

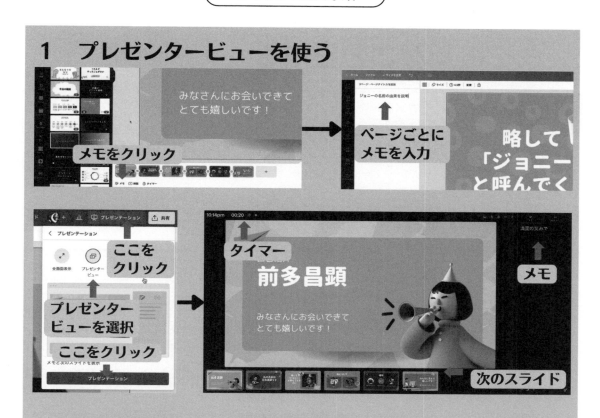

2　プレゼンテーションを録画する

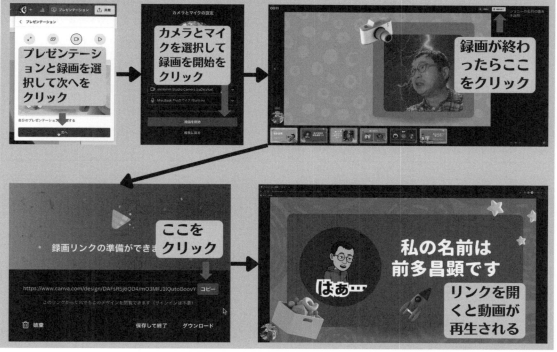

プレゼンテーション中にできる様々なことを知る

スキル	プレゼンテーションタイマー／マジックショートカット／リモートコントロール／Canva ライブ

> Canva には快適にプレゼンテーションを行うためのさまざまなツールが用意されています。参加者ビューからも操作できますが，プレゼンタービューから操作する方がより快適に使用できます。

○— Canva活用のポイント

① プレゼンテーションタイマー

　プレゼンタービューでプレゼンテーションを開始すると，左上に時刻とプレゼンテーションタイマーが表示されます。開始と同時に経過時間がカウントアップされるので，一旦リセットして0に戻しましょう。プレゼンテーションを開始する時に▶をクリックしてタイマーをスタートさせましょう。

② マジックショートカットとリモートコントロール

　右上のキーボードのアイコンをクリックするとぼかしやドラムロールなどの効果を表示するマジックショートカットの一覧が表示されます。キーボードの1～9を押すと1分から9分までのタイマーを表示できます。

　リモコンのアイコンをクリックすると表示されるQRコードをスキャンすると，スマートフォンをプレゼンリモコンとして使用できます。

③ Canva ライブで参加者の声を集める

　右サイドバーの Canva ライブをクリックして新しいセッションを開始をクリックします。参加者ビューでライブを表示にすると，Canva ライブに参加するための QR コードが表示されます。参加すると，感想や質問を参加者が送れるようになります。送信されたメッセージはプレゼンタービューの右サイドバーに表示され，全体には表示されません。全体に表示したいときはメッセージの3点リーダー（…）をクリックして大きく表示をクリックすると，一時的に全体に表示されます。

1　プレゼンテーションタイマー

2　マジックショートカットとリモートコントロール

3　Canvaライブで参加者の声を集める

時間割表を作る

スキル 表の作成／テキストの挿入／表の編集／縦書きテキスト

デザインに表を挿入して時間割表を作りましょう。テンプレートを使わず白紙からでも簡単に時間割表を作成できます。教科名はセルに入力せず，テキストを挿入すると効率的に作成できます。

○── Canva活用のポイント ──────

① デザインを作成して表を挿入する

　ホーム画面の右上にあるデザインを作成をクリックして文書（A4縦）をクリックして新しいデザインを作成します。キーボードのTを押してテキストを挿入して「時間割表」と入力し，フォントや大きさ，位置を整えます。

　右下のCanvaアシスタントをクリックして表を検索，表を追加をクリックします。挿入したい表の行と列を指定してクリックするとデザインに表が挿入されます。左サイドバーのアプリ→背景をクリックしてお好みの背景にしましょう。

② 表を整える

　表全体を選択してから左上のカラーをクリックしてセルの色を白にします。セルの間隔をクリックして，セルの間隔を10，セルの余白を4にします。表の隅のハンドルをドラッグして大きさを変更します。一番上の曜日の行を少し狭くします。シフトキーを押しながら2行目から7行目のセルを選択し右クリック（ダブルタップ）して行の高さを均等にするをクリックすると，行の高さが揃います。セルをクリックして曜日と時間を入力します。セルを選択して上ツールバーで文字のフォントやサイズ，カラーを設定しましょう。

③ 授業を入力する

　キーボードのTを押してテキストを挿入して「国語」と入力します。上ツールバーの縦書きのテキストをクリックして縦書きにします。Alt（option）キーを押しながらドラッグしてテキストを複製し，時間割を完成させます。

1 デザインを作成して表を挿入する

ここをクリック

ここをクリック

タイトルを付ける

行と列を指定すると表が挿入される

2 表を整える

ここをクリック

白をクリック

ハンドルをドラッグして表を拡大

上の行を少し縮める

シフトキーを押しながら2行目と7行目をクリックして右クリック

行の高さを均等にするをクリック

曜日と時間を入力してフォントやサイズを整える

3 授業を入力する

Tを押してテキストを挿入

ここを押して縦書きに

Alt(option)を押しながらドラッグして複製

13 連絡ボードを作る

スキル	画像を背景として設定／文字揃え／箇条書き／閲覧専用リンク／QR コード

　帰りの連絡ボードを作り学級ポータルサイトに埋め込みましょう。QR コードを発行して保護者に伝えると情報伝達がスムーズになります。

●── Canva活用のポイント

1 デザインを用意する

　右上のデザインを作成をクリックして任意のサイズ（プレゼンテーションがおすすめ）でデザインを作成します。左サイドバーの素材をクリックして背景にしたい画像を検索してページに挿入します。画像を右クリック（ダブルタップ）して画像を背景として設定をクリックします（画像によっては背景に設定できないものもあります）。

　キーボードのＴを押してテキストを挿入して日付や曜日など，必要な情報を入力していきます。連絡事項のテキストは，上のメニューバーで左揃えにして，箇条書きにしておくとよいでしょう。

2 QR コードを発行する

　ボードが完成したら右上の共有をクリック，閲覧専用リンク→コピーの順にクリックして共有リンクを取得します。左ツールバーのアプリをクリック，「新しい作品を作ろう」カテゴリの中の QR コードをクリックして，URL に先ほどコピーした共有リンクを貼り付け，QR コードを生成をクリックします。

　この QR コードは他の素材と同じようにコピーできるので，他のデザインでも使用できます。印刷して保護者に伝えましょう。連絡ボードに挿入された QR コードはデザインから取り除いても大丈夫です。

3 更新する

　ページを複製してから情報を書き換えると，１つのデザインに過去の連絡が残るので，子どもたちや保護者が過去の連絡を調べる時に便利です。

1 デザインを用意する

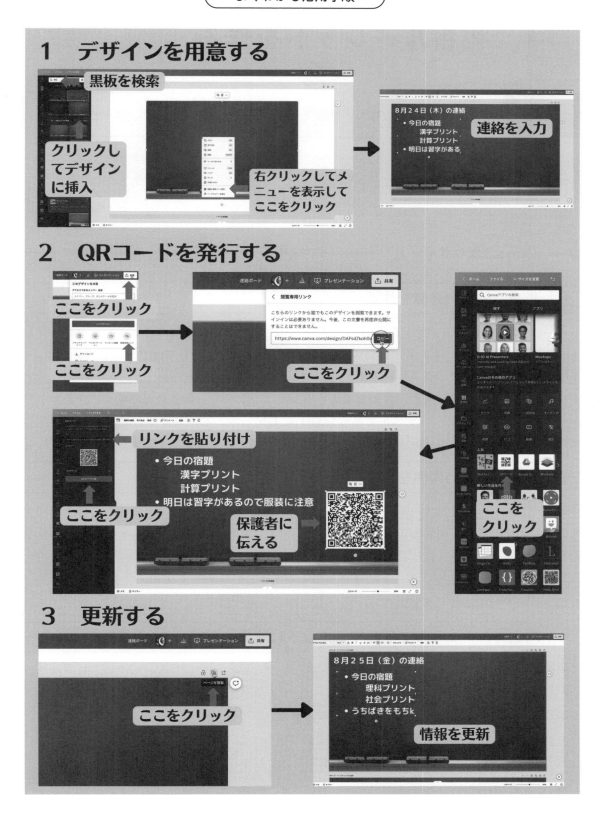

黒板を検索

クリックしてデザインに挿入

右クリックしてメニューを表示してここをクリック

連絡を入力

8月24日（木）の連絡
- 今日の宿題
  漢字プリント
  計算プリント
- 明日は習字がある

2 QRコードを発行する

ここをクリック

ここをクリック

ここをクリック

リンクを貼り付け
- 今日の宿題
  漢字プリント
  計算プリント
- 明日は習字があるので服装に注意

ここをクリック

保護者に伝える

ここをクリック

3 更新する

ここをクリック

8月25日（金）の連絡
- 今日の宿題
  理科プリント
  社会プリント
- うちばきをもちk

情報を更新

14 当番ルーレットを作る

スキル 円グラフ／要素の複製／数値で回転／選択した素材をダウンロード

掃除や給食の当番ルーレットを作りましょう。ダウンロードして印刷することもできますが，ポータルサイトに埋め込むのが効率的です。

●── Canva活用のポイント

1 ルーレットの外側を作る

ホームで SNS をクリックして Instagram 投稿（正方形）等の正方形のデザインをクリックします。右下の Canva アシスタントをクリックして円グラフを検索してデザインに挿入します。5 等分された円グラフが挿入されます。

左サイドバーの表の系列１の数値を編集すると円グラフの分割数を変更できます。左サイドバーの設定をクリックしてラベルを表示を OFF にしてラベルを消します。テキストを挿入して掃除の場所を入力，フォントやサイズ，位置，大きさ，角度を整えて配置していきます。

2 ルーレットの内側を作る

円グラフをクリックして複製をクリックします。複製された円グラフを縮小して外側の円グラフの中央に配置します。左上のカラーをクリックして内側の円グラフの色を変更しましょう。

外側の円グラフと同じように内側の円グラフにもテキストを配置します。テキストが選択された状態で配置をクリックすると数値で角度を指定することができます。完成したら PDF でダウンロードして印刷しましょう。

3 内側のルーレットを回転できるようにする

内側の円グラフとテキストを Shift キーを押しながらクリックして選択します。右クリック（ダブルタップ）して選択した素材をダウンロードをクリック，背景透過にチェックを入れて画像をダウンロードします。内側の円グラフとテキストを削除して，ダウンロードした画像と差し替えると，内側の円グラフを文字ごと回転できるようになります。

1 ルーレットの外側を作る

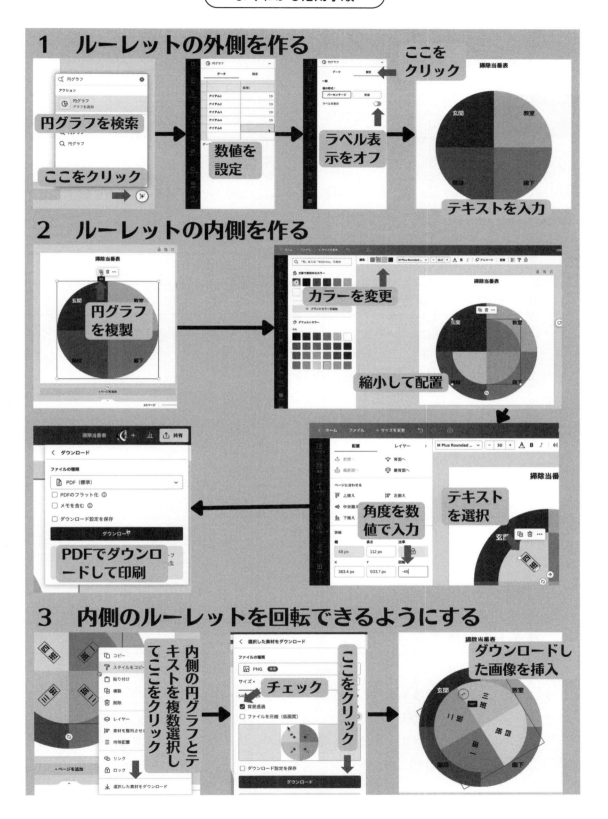

円グラフを検索

ここをクリック

数値を
設定

ここを
クリック

ラベル表
示をオフ

テキストを入力

2 ルーレットの内側を作る

円グラフ
を複製

カラーを変更

縮小して配置

PDFでダウンロ
ードして印刷

角度を数
値で入力

テキスト
を選択

3 内側のルーレットを回転できるようにする

内側の円グラフとテキストを複数選択してここをクリック

チェック

ここを
クリック

ダウンロードし
た画像を挿入

15　学級ポータルサイトを作る

スキル　Web サイト／ページを追加／閲覧専用リンク／Web サイトの公開

子どもたちにさまざまな情報を伝える学級ポータルサイトを作成しましょう。Canva で作ったデザインをそのまま埋め込めます。パスワードを設定すると，保護者向けサイトを作成できます。

●── Canva活用のポイント

① サイトのデザインを作る

　ホームで，まるいアイコンの Web サイトをクリックして，教育関連のウェブサイトをクリックしてテンプレートを選択します（白紙から作っても OK）。テンプレートをページに適用して内容を編集していきます。不要なページは削除しましょう。ページが足りなかったらページを追加をクリックして，サイトに必要なページを追加します。

　右下のグリッドビューをクリックして一覧表示し，各ページサムネイル下の鉛筆アイコンをクリックして各ページにタイトルを付けます。これはリンクメニューに表示されるので忘れずに設定しましょう。

② 作成済みのデザインを埋め込む

　別のタブでサイトに埋め込みたいデザインを開き，右上の共有をクリック，閲覧専用リンク→コピーの順にクリックします。ウェブサイトのデザインに戻り Ctrl（command）＋V を押すとデザインが埋め込まれます。プレビューをクリックすると，サイトの見え方をチェックできます。

③ サイトを公開する

　Web サイトを公開をクリックします。無料のドメインを選択して，説明を入力します。必要に応じてパスワード保護を有効にします。

　サイトが公開されたら，URL をコピーし，必要なパスワードを共有します。これにより，家庭でも学校のポータルサイトを表示することが可能になります。校内だけでの運用の場合，パスワードを設定しない方がスムーズになります。

1 サイトのデザインを作る

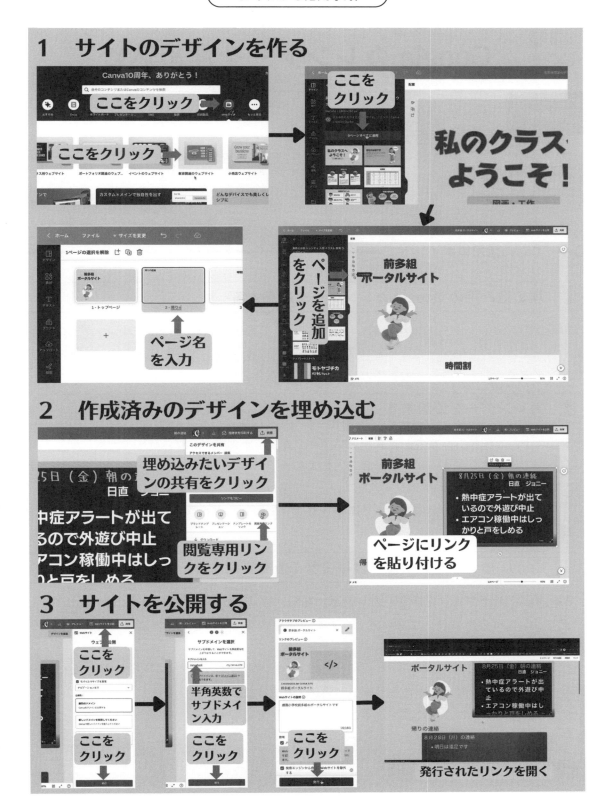

2 作成済みのデザインを埋め込む

3 サイトを公開する

16 ポータルサイトに Google カレンダーを埋め込む

スキル	Web サイトの公開

クラスの Google カレンダーを作成して共有リンクを発行し，ポータルサイトに埋め込むと予定の共有が簡単になります。

○── Canva活用のポイント

① 埋め込み用の Google カレンダーを用意する

普段使いのカレンダーとは別に新しいカレンダーを追加します。Google カレンダーの左サイドバーで他のカレンダー右の＋をクリックして，新しいカレンダーを作成をクリックします。カレンダーの名前と説明を入力してカレンダーを作成をクリックします。

② カレンダーを公開する

左サイドバーで作成したカレンダーをクリックして，予定のアクセス権限で一般公開して誰でも利用できるようにするにチェックを入れます。下にスクロールしてこのカレンダーの公開URL を選択して Ctrl（command）＋C でコピーします。

予定のアクセス権限カテゴリの中にある，共有可能なリンクを取得からのコピーでは Canvaに埋め込めないので注意が必要です。

③ Canva のデザインに貼り付けてサイトを更新する

Web サイトのデザインを開き，カレンダーを貼り付けたいページで Ctrl（command）＋V を押すと，Google カレンダーが埋め込まれます。埋め込まれたカレンダーは場所を移動したり大きさを変えたりできます。

右上の Web サイトを公開をクリックします。一度公開しているので，特に変更がなければ続行→発行の順にクリックするとサイトが更新されます。

以後はカレンダーに予定を追加すると，サイトを更新しなくてもサイトのカレンダーに反映されます。

1 埋め込み用のGoogleカレンダーを用意する

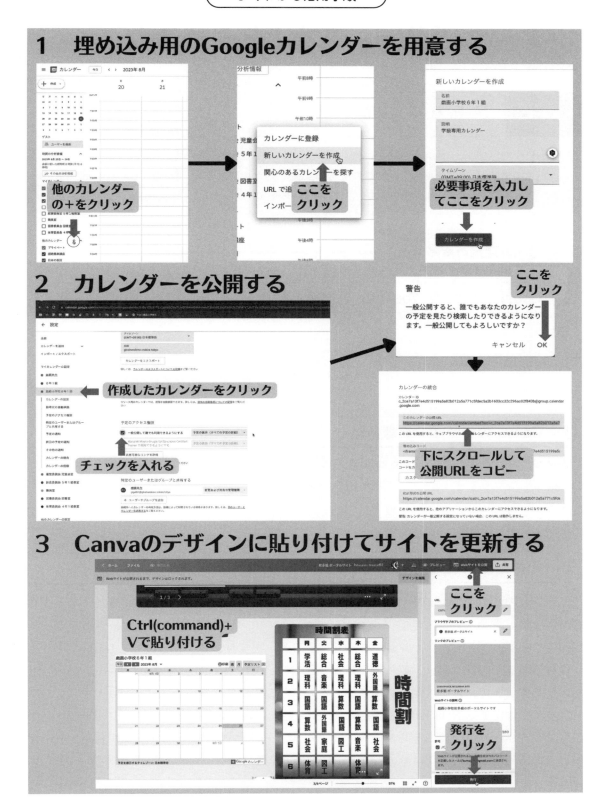

他のカレンダーの＋をクリック

ここをクリック

必要事項を入力してここをクリック

2 カレンダーを公開する

ここをクリック

作成したカレンダーをクリック

チェックを入れる

下にスクロールして公開URLをコピー

3 Canvaのデザインに貼り付けてサイトを更新する

Ctrl(command)+Vで貼り付ける

ここをクリック

発行をクリック

他の Web アプリを埋め込む

スキル	Google Maps／YouTube

> Canva のデザインには，他の Web アプリを埋め込むことができます。印刷はできませんが，電子板書，プレゼンテーション，Web サイトで使うと，非常に効率的です。

◯━ Canva活用のポイント ━━━━━━━━━━━━━━━━

①　Google マップや YouTube を埋め込む

　左サイドバーのアプリをクリックして Google Maps をクリックします。左サイドバーで場所を検索して，埋め込みたい地図をクリックすると，デザインに地図が埋め込まれます。

　同じようにアプリで YouTube をクリックすると YouTube の動画を検索して埋め込むことができます。

②　Canva のデザインを埋め込む

　埋め込み元のデザインの閲覧専用リンクをコピーします。埋め込み先のデザインで Ctrl（command）＋V を押すと，デザインの中にデザインが埋め込まれます。複数ページのデザインはダブルクリックすると表示されるページを変えられます。動画デザインはダブルクリックで再生できます。

③　その他の Web アプリを埋め込む

　Web アプリの共有リンクをコピーして Canva に貼り付けると，デザインに埋め込めるものがあります。埋め込みが成功していれば，デザイン内でダブルクリックすると Web アプリを操作できます。プレゼンテーションモードにすると，ダブルクリックしなくても操作できます。

　埋め込めるものは Padlet, Wakelet, Miro, Flip, Quizlet, Google ドキュメント, Scratch などがあります。埋め込みできないアプリはテキストとして貼り付くのですぐにわかります。

　Canva で作成する Web サイトに Web アプリを貼り付けると，簡易的なブログパーツとして使用できます。Web アプリを埋め込んだデザインを PDF や画像でダウンロードすると Web サービスの部分は表示されないものもあるので注意が必要です。

1 GoogleマップやYouTubeを埋め込む

2 Canvaのデザインを埋め込む

共有をクリック

こちらのリンクから誰でもこのデザインを閲覧できます。サインインは必要ありません。今後、この文書を再度非公開にすることはできません。

https://www.canva.com/design/DAFshb9PFm(コピー

閲覧専用リンク
をクリック

閲覧専用リンク
をクリック

Ctrl(command)+V
で貼り付ける

3 その他のWebアプリを埋め込む

Padletの
埋め込み

Quizletの
埋め込み

埋め込みできないWeb
アプリを貼り付けた例 → https://jamboard.google.com/d/19vyzw_BJtrlAWre2H69CRMAnn7KdLu-Kwa●●DC2iyf8/edit?usp=sharing

デザインを QR コードにする

スキル	デザインの QR コード化

学級通信に複数の QR コードを並べると，どれが目的の QR コードかわかりにくくなります。わかりやすい QR コードを作りましょう。

⚬— Canva活用のポイント

① 正方形のデザインを作成する

　ホーム画面でデザインを作成をクリックし，検索バーに「正方形」と入力します。任意の正方形デザインを選択してデザインを新規に作成します。

　キーボードの T を押してテキストを挿入して，QR コードのリンク先の内容が一目でわかるような文字を入力します。QR コードの切り出しシンボルと重ならないように，右上，左上，左下が空くように，位置や大きさを整えましょう。

② URL をコピーする

　Web ブラウザでリンクさせたいページを開きます。アドレスバーをクリックして URL を選択し，Ctrl（command）+C をして URL をコピーします。

③ QR コードを生成する

　右上の共有をクリックしてもっと見るをクリック，QR コードをクリックします。

　URL 欄をクリックして Ctrl（command）+V をし，コピーした URL を貼り付けると，プレビューに QR コードが表示されます。

　URL の長さによって QR コードに表示される四角形の数が変わります。ここで文字に切り出しシンボルが被っていたら，文字の位置や大きさを調整しましょう。

　よかったら QR コードを生成するをクリックして，QR コードをダウンロードしましょう。

1 正方形のデザインを作成する

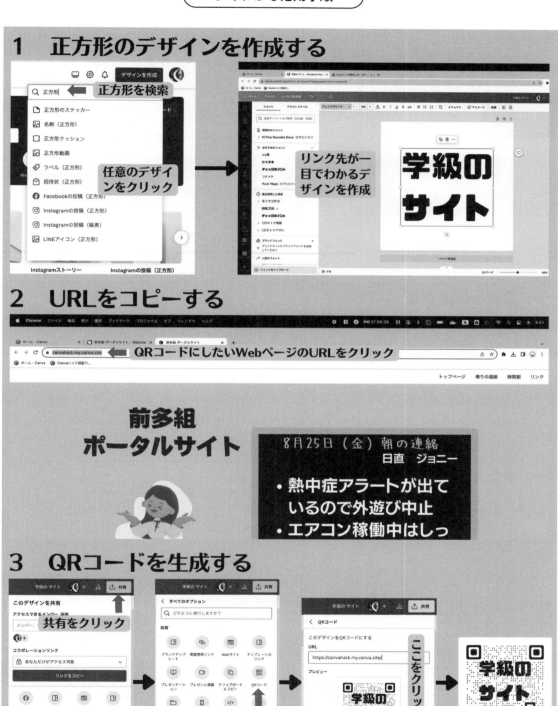

正方形を検索

任意のデザインをクリック

リンク先が一目でわかるデザインを作成

2 URLをコピーする

QRコードにしたいWebページのURLをクリック

前多組
ポータルサイト

3 QRコードを生成する

共有をクリック

もっと見る
をクリック

QRコード
をクリック

ここを
クリック

19 色を変えられる
オリジナル素材をつくる

スキル	描画／レイヤー／SVG でダウンロード

キャラクター，花丸など，オリジナル素材を作成してアップロードしておくと，子どもたちのワークシートにコメントする時に便利です。描画したものを SVG で保存すると後で色を変えられます。

●── Canva活用のポイント ─────

① 素材を作成する

右上のデザインを作成をクリックし，作成するオリジナル素材に無駄な余白ができないように考えてサイズを選択し，デザインを作成します。

次に，左サイドバーの描画をクリックします。描画ツールのカラーをクリックし，黒を選択します。描画ツールの設定をクリックしてペンを太めに設定し，オリジナル素材の輪郭を描画します。輪郭が描き終わったらペンの色を変えて，ペンを太くして，輪郭からはみ出さないように色を塗ります。この時は色や輪郭の重なりは気にせずに作業を続けましょう。

② 重なりを調整する

素材を書き終えたら配置をクリックし，ベタ塗りしたレイヤーを一番下に，輪郭のレイヤーを一番上に移動します。

無駄な余白が生じないように位置と大きさを調整してから右上の共有をクリックして，ダウンロードを選択します。ファイルの種類を SVG にし，背景透過にチェックを入れてから，ダウンロードをクリックします。最後に，ファイル名を入力して保存をクリックします。

③ 画像のアップロードと色の変更

別のデザインで左サイドバーのアップロードをクリックし，ファイルをアップロードを選択します。ダウンロードした SVG ファイルを選択し開くをクリックします。

アップロードが終わったら，画像をクリックするとデザインに作成した素材が挿入されます。左上のカラーをクリックすると，素材の色を変更できます。

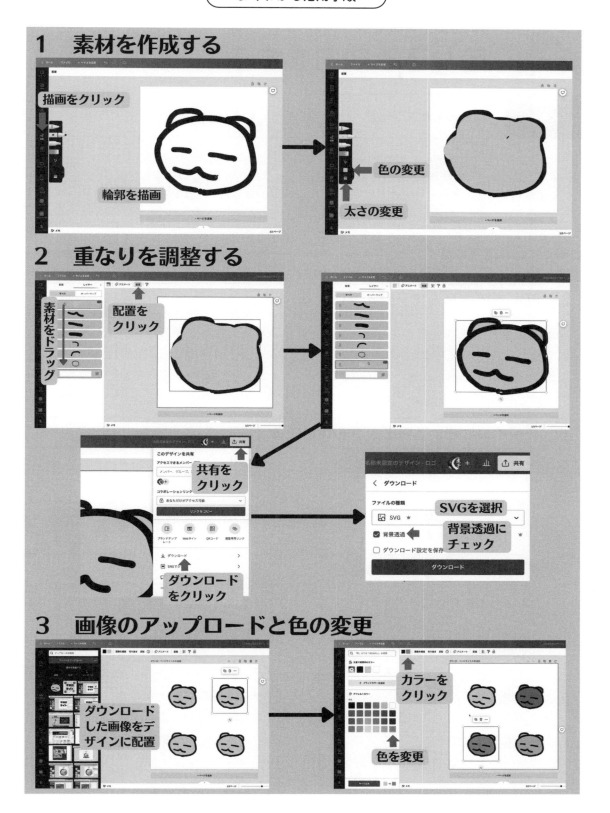

1　素材を作成する

描画をクリック

輪郭を描画

色の変更

太さの変更

2　重なりを調整する

素材をドラッグ

配置を
クリック

共有を
クリック

ダウンロード
をクリック

SVGを選択

背景透過に
チェック

3　画像のアップロードと色の変更

ダウンロード
した画像をデ
ザインに配置

カラーを
クリック

色を変更

既存の賞状様式に 差し込み印刷をする

スキル	PDF のアップロード／一括作成／PDF のダウンロード

> ずっと使ってきた賞状の様式があるので，今更デザインを変更できない学校も多いでしょう。既存の賞状を PDF にしてデザイン化すると一括作成でデータを差し込みできます。

●── Canva活用のポイント ─────

① PDF を読み込んでデザインにする

Word やその他の文書作成アプリから出力された PDF を Canva に読み込むと，レイアウトが崩れることが多いので，紙にプリントしたものをスキャンして PDF として保存します。

PDF ファイルを Canva のホーム画面にドラッグ＆ドロップするとデザインに変換されるので，変換されたデザインを開きます。

② デザインに差し込むデータを作成する

新規の Google スプレッドシートを作成します。1 行目にデータのラベルを入力した後，2 行目以降に具体的なデータを追加していきます。

メニューバーのファイルをクリックしてダウンロード→カンマ区切り形式（.csv）の順にクリックして，CSV ファイルを保存します。

③ デザインにデータを差し込む

キーボードの T を押してデータを差し込むテキストを作成します。必要に応じて縦書きにしたり，フォントやサイズを変更したりします。

左サイドバーのアプリをクリックして一括作成をクリックします。先ほどダウンロードした CSV ファイルをアップロードします。差し込みたいテキストを右クリック（ダブルタップ）してデータの接続をクリック，差し込むデータを選びます。接続が終わったら続行→●点のデザインを生成の順にクリックすると，データが差し込まれた賞状が生成されます。

右上の共有をクリックしてダウンロードをクリック，ファイルの種類を PDF に設定して賞状をダウンロードして，印刷しましょう。

1 PDFを読み込んでデザインにする

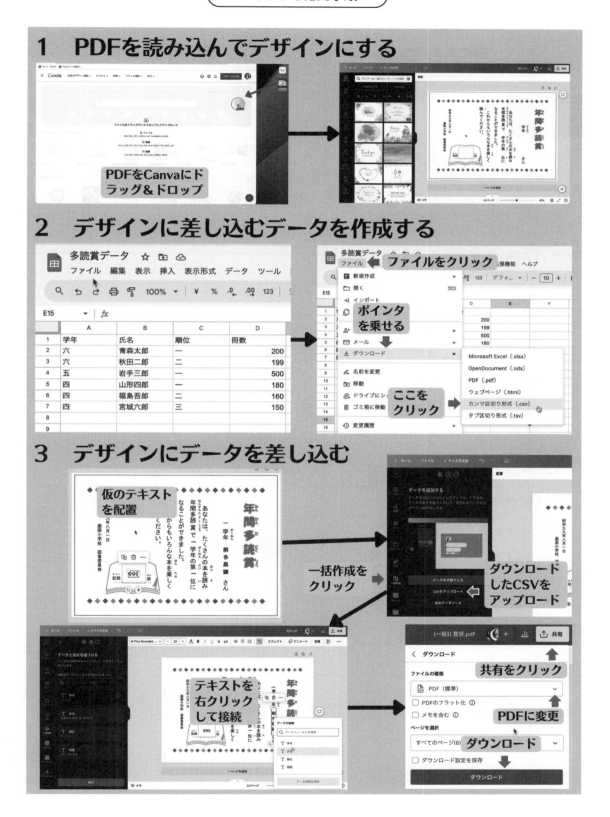

PDFをCanvaにドラッグ＆ドロップ

2 デザインに差し込むデータを作成する

ファイルをクリック

ポインタを乗せる

ここをクリック

	A	B	C	D
1	学年	氏名	順位	冊数
2	六	青森太郎	一	200
3	六	秋田二郎	二	199
4	五	岩手三郎	一	500
5	四	山形四郎	一	180
6	四	福島吾郎	二	160
7	四	宮城六郎	三	150
8				
9				

3 デザインにデータを差し込む

仮のテキストを配置

一括作成をクリック

ダウンロードしたCSVをアップロード

テキストを右クリックして接続

共有をクリック

PDFに変更

ダウンロード

21 一括作成用 CSVファイルを作成する

スキル	CSV ファイルの作成

　一括作成でデータを差し込んだデザインを作成するには文字コードが UTF-8の CSV ファイルを読み込ませる必要があります。文字コードが違うと文字化けするので注意が必要です。

○— Canva活用のポイント

1 表の作成

　Canva の表作成機能では CSV としてエクスポートできません。Google スプレッドシートや Microsoft Excel などの表計算アプリで表を作り，1 行目に項目名を入力し，その下に差し込むデータを入力していきます。

2 Google スプレッドシートでの CSV ファイル作成

　メニューバーのファイルをクリックします。ダウンロードにポインタを乗せてカンマ区切り形式（.csv）をクリックすると，作成した表が UTF-8の CSV ファイルとして保存されます。

3 Microsoft Excel の場合

　Windows 版の Excel では，メニューバーのファイルをクリックして，名前を付けて保存をクリックします。ファイルの種類を展開して，CSV UTF-8（コンマ区切り）(*.csv) を選択して保存をクリックします。

　Mac 版の場合，ファイル→名前を付けて保存から，UTF-8の CSV ファイルをダウンロードできます。オンライン版の Excel では UTF-8の CSV を作成できません。

4 Apple Numbers の場合

　ファイル→書き出す→ CSV と選択して，表の名前を含めるのチェックを外し，テキストエンコーディングを UTF-8にして保存をクリックします。

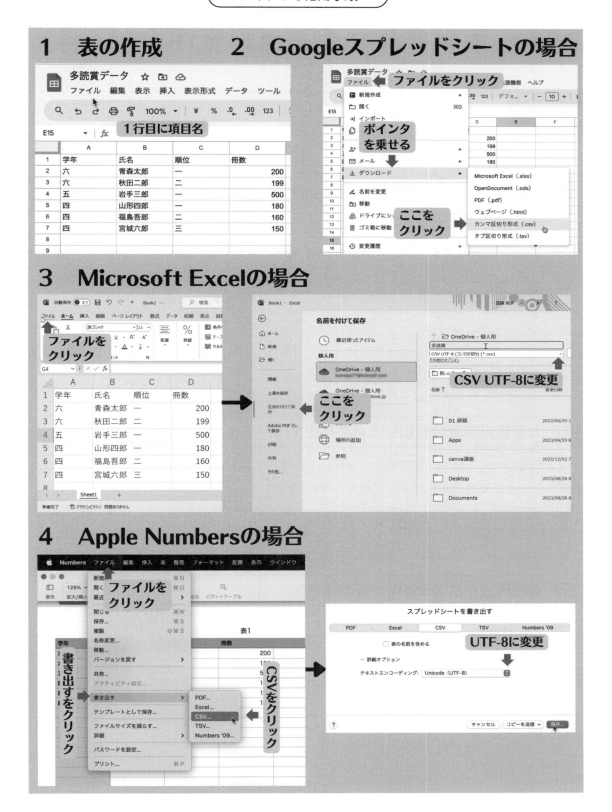

22 デジタルサイネージを作る

スキル	自動再生／ライブ編集

プレゼンテーション機能を使ってスライドを自動で切り替えるデジタルサイネージを作りましょう。始業前や昼休みに再生しておくと，さまざまな情報を効率よく伝えられます。

●── Canva活用のポイント ──

(1) 連絡事項を伝えるプレゼンテーションを作成する

ホーム画面でプレゼンテーションをクリックして，空のプレゼンテーションを作成します。

キーボードのＴを押してテキストを挿入して，子どもたちに伝えたい情報を入力します。テキストの大きさや位置，フォントを整えましょう。

１ページにたくさんの情報を詰め込まず，連絡事項ごとにページを増やしましょう。

(2) 大型提示装置に表示して自動再生する

左上の時計のアイコン（初期値では５秒）をクリックして，ページが表示される時間を設定します。すべてのタイミングを同じにする時はすべてのページに適用をオンにします。

右上のプレゼンテーションをクリックして，自動再生を選択します。ページが２枚以上なければ自動再生は選択できません。プレゼンテーションをクリックすると全画面表示に変わり，自動再生が始まり，最後のページの表示が終わると１ページ目にループします。

(3) 自動再生中にスライドを編集する

Canva ではプレゼンテーションを再生中に他の端末で編集された内容が，ほぼリアルタイムで再生に反映されます（ライブ編集）。

連絡事項が追加されたり，誤字を見つけたりした時は，他の端末で自動再生しているデザインを開き，デザインを編集します。

ライブ編集されたくない場合は，再生中の画面でポインタを下に移動し３点リーダー（…）をクリックして，ライブ編集を非表示をクリックしましょう。

1 連絡事項を伝えるプレゼンテーションを作成する

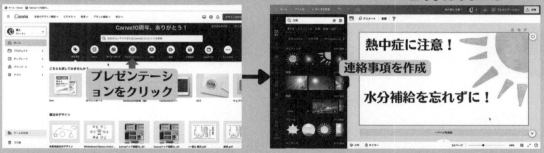

2 大型提示装置に表示して自動再生する

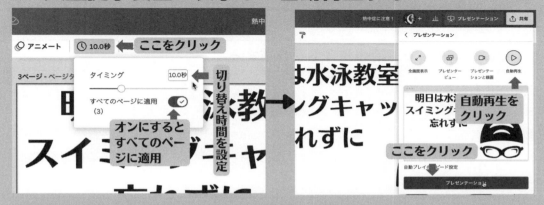

3 自動再生中にスライドを編集する

23 ビンゴカードを作成する

| スキル | Bingo Card／Magic Write |

ランダムに作るのが大変なビンゴカードも，Canva の機能を使うと簡単に作ることができます。Canva の生成 AI Magic Write を使うとビンゴカードの内容も簡単に作成できます。

○— Canva活用のポイント

① Magic Write で言葉のリストを作成する

デザインを作成し，右下のアイコンをクリックするか，「／」キーを押して Canva アシスタントを起動し，Magic Write をクリックします。プロンプト（例：都道府県の一覧を日本語で箇条書きで作ってください）を入力して Ctlr（command）＋Enter を押すと言葉のリストを箇条書きで作成してくれます。うまくリストを作ってくれない時は，プロンプトの表現を変えてみましょう。

② Bingo Cards でビンゴカードを作成する

左ツールバーのアプリをクリックします。「新しい作品を作ろう」カテゴリーの中の，Bingo Cards をクリックします。Enter some words に Magic Write で作った言葉のリストをコピーして貼り付けます。

Grid size でビンゴカードのマス目の数，Number of Cards で作成するビンゴカードの数を設定します。執筆している現時点では，日本語フォントに対応していないので Font は変更する必要はありません。Create Bingo cards をクリックすると左サイドバーにビンゴカードが表示されるので，クリックするとデザインに挿入されます。ビンゴカードは画像として生成されるので，文字は編集できません。

③ 印刷せずに共有して使う

PDF にして印刷するのもよいのですが，せっかくデジタルで作ったビンゴカードですから，デジタルのまま使いましょう。デザインを共有して子どもたちを参加させると，印刷せずにそのままビンゴゲームができるので，効率的です。

1 Magic Writeで言葉のリストを作成する

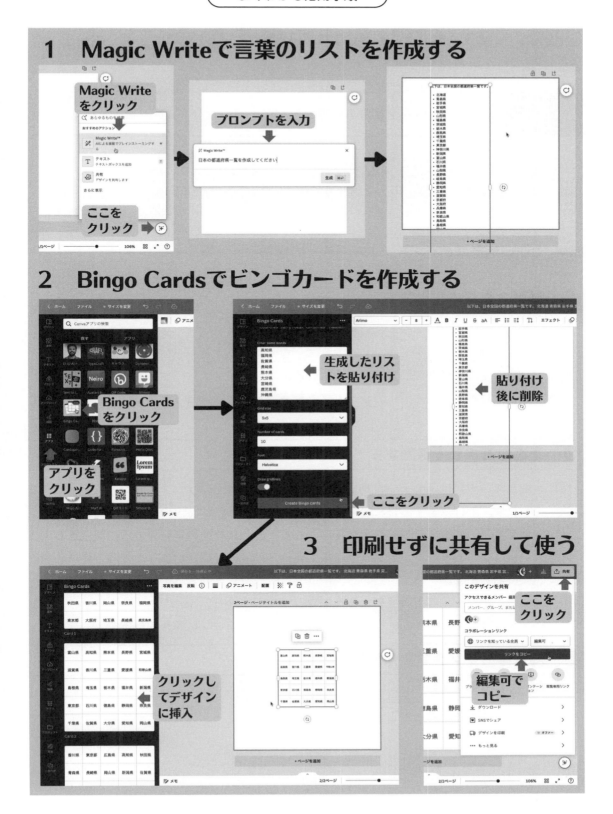

Magic Write
をクリック

ここを
クリック

プロンプトを入力

2 Bingo Cardsでビンゴカードを作成する

Bingo Cards
をクリック

アプリを
クリック

生成したリス
トを貼り付け

貼り付け
後に削除

ここをクリック

3 印刷せずに共有して使う

クリックし
てデザイン
に挿入

ここを
クリック

編集可で
コピー

24 パソコン操作手順を動画にする

スキル	自分を録画する／閲覧専用リンク

複雑な操作や，繰り返し質問される操作は，パソコンの画面を録画して，操作手順を説明する動画を作成しましょう。閲覧専用リンクを発行すると，Canva ユーザー以外でも視聴できます。

Canva活用のポイント

1 動画スタジオを起動する

ホーム画面で右上のデザインを作成をクリックして，動画でデザインを新規作成します。

左ツールバーのアップロードをクリックして，自分を録画するをクリックします。初めて使う時はカメラとマイクの使用の許可を求められるので，許可をクリックします。

操作手順動画に声を入れる時はカメラ＆スクリーン，入れない時はスクリーンをクリックします。

2 画面を選択して録画する

特に理由がない場合は画面全体クリックして，録画する画面のサムネイルを選択して共有をクリックします。声は録音するけれども顔を入れたくない場合は左下のカメラ画面をクリックしてカメラをオフにします。アイコンが録画されますが，後で他の素材の後ろに隠しましょう。

録画をクリックするとカウントダウンが始まり，3秒後に録画が始まるので，その前に録画する画面に移動します。

録画が終わったら，画面下の共有を停止をクリックしてから，Canva に戻ります。右上の保存して終了をクリックすると動画がアップロードされ，デザインに挿入されます。

3 閲覧専用リンクで共有する

右上の共有をクリックして閲覧専用リンク→コピーの順にクリックします。コピーしたリンクを子どもたちや職員に伝えましょう。チュートリアル動画リンク集を作っておくと便利です。

1 動画スタジオを起動する

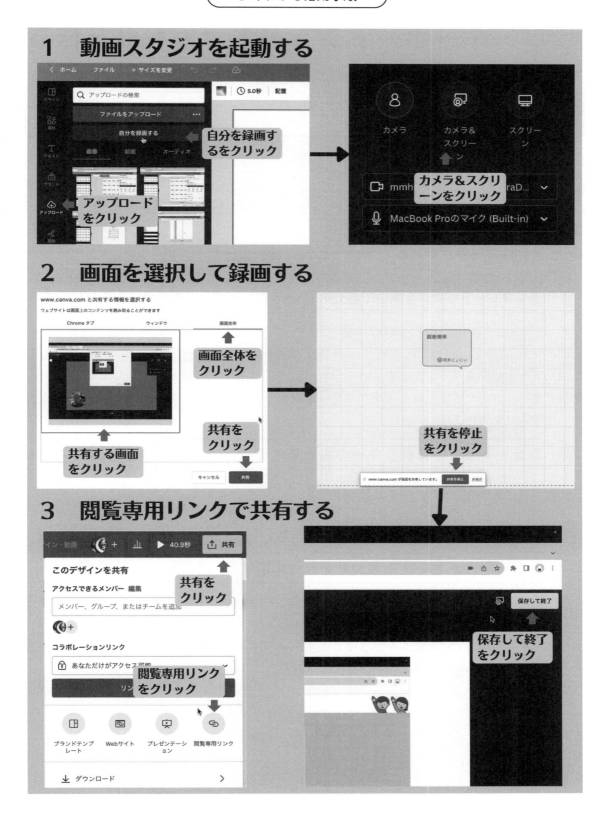

アップロードをクリック

自分を録画するをクリック

カメラ&スクリーンをクリック

2 画面を選択して録画する

共有する画面をクリック

画面全体をクリック

共有をクリック

共有を停止をクリック

3 閲覧専用リンクで共有する

共有をクリック

閲覧専用リンクをクリック

保存して終了をクリック

25 キーボードショートカット表を作る

スキル	ページの複製／ホワイトボードに展開／図形の色の変更／ホワイトボードを折りたたむ

> キーボードショートカット一覧を作成しましょう。既存のものを使わず，自分で作成すると，子どもたちに必要な機能だけにしぼることができます。

●── Canva活用のポイント

① テンプレートリンクを開いて自分の Canva にキーボードのデザインをコピーする

テンプレート（https://bit.ly/44X2IBS）にアクセスしてお使いのアカウントにキーボードのデザインをコピーしましょう。ページ一覧のサムネイルの3点リーダー（…）をクリックして1ページを複製をクリックするか Ctrl（command）+D を押してページを複製します。その後，複製したページ上で右クリック（ダブルタップ）してホワイトボードに展開するをクリックして，作業領域を広げます。

② ショートカットに使うキーの色を変える

ここでは取り消しのショートカット（Ctrl+Z）を例にして説明します。デザインの Z キーをクリックして，上ツールバーのカラーをクリックして，キーの色を変更します。同じように Ctrl キーの色を変更します。

③ ショートカットの組み合わせを作り印刷する

キーボードの T を押してテキストを挿入し，「取り消し」と入力して，位置と大きさを調整し，左揃えに設定します。色を変更した Ctrl キーと Z キーを Alt（option）を押しながらドラッグしてテキストの近くに複製します。同じ作業を繰り返して必要なショートカットキーの組み合わせを作成していきましょう。

完成したらページ上で右クリック（ダブルタップ）してホワイトボードを折りたたむをクリックしてプレゼンテーションサイズに戻し，レイアウトを確認します。問題がなかったらポスター印刷等で大きく印刷して，子どもたちがいつでも確認できるように，教室の見やすいところに掲示しましょう。

1 テンプレートリンクを開いて自分のCanvaに キーボードのデザインをコピーする

2 ショートカットに使うキーの色を変える

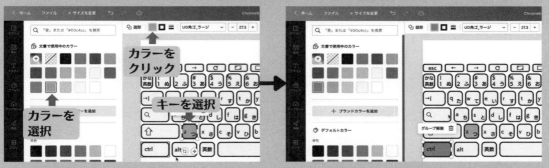

3 ショートカットの組み合わせを作り印刷する

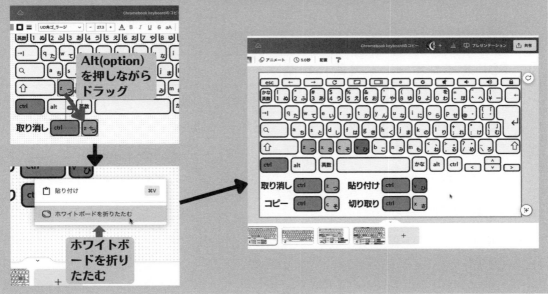

漢字の写真フレームを作る

スキル ｜ SVG でダウンロード／PDF のアップロード

> Canva にはたくさんの写真フレームが用意されていますが，漢字の写真フレームはありません。オリジナルの漢字写真フレームを作って，学級通信や掲示物に使いましょう。

○── **Canva活用のポイント** ────────────

① 文字を入力して SVG 画像として保存する

任意のサイズでデザインを作成し，キーボードの T を押してテキストを挿入し，写真フレームにしたい文字を入力，大きさやフォントを調整します。右上の共有をクリックしてダウンロードをクリック，ファイルの種類を SVG にして画像をダウンロードします。

② PowerPoint で，画像で塗りつぶした PDF を作る

Microsoft PowerPoint でスライドを新規作成し，ダウンロードした SVG ファイルをページに挿入します。挿入した SVG ファイルの位置と大きさを調整した後，図形に変換をクリックします。メニューバーの図形の書式設定をクリックし，図形になった文字をクリックします。図形の塗りつぶしを展開して図をクリック。適当な画像を選択し，挿入をクリックします。この操作をすべての文字に施したら，このスライドを PDF として保存します。

③ PDF をインポートして画像を削除する

Canva に戻り，ホーム画面の右上のアップロードをクリックして，ファイルを選択をクリックし，作成した PDF ファイルアップロードし，デザインに変換します。

デザインを開き，文字を右クリック（ダブルタップ）して画像を切り取るをクリック，フレームから切り取られた画像を削除すると，オリジナルの写真フレームの完成です。フレームの上にお好みの画像をドラッグ＆ドロップすると，文字の形に合わせて写真が切り取られます。

作成したオリジナル写真フレームを他のデザインで使うには，フレームをコピーして他のデザインに貼り付けるだけです。

1 文字を入力してSVG画像として保存する

2 PowerPointで，画像で塗りつぶしたPDFを作る

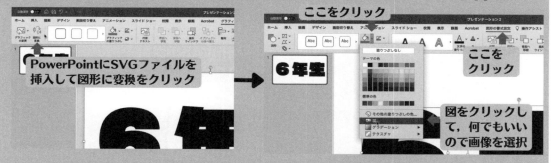

3 PDFをインポートして画像を削除する

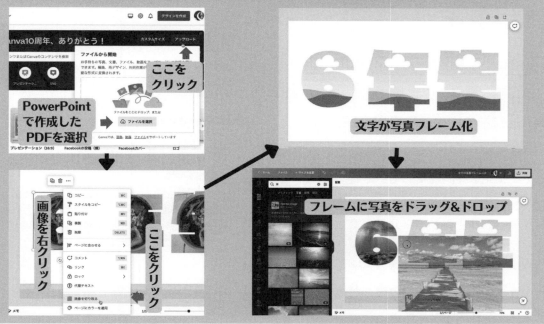

Column

ちょっと便利な小技の紹介①

■余分なテキストエリアを一瞬で縮める

　すでに配置されたテキストを複製して，文字を入力し直していると，テキストエリアが必要以上に長くなることがあります。

　そんな時は幅を縮めるためのハンドルをダブルクリックすると，テキストエリアが文字幅ぴったりになります。

■描画ツールで書いた線や形を整える

　Canva を電子板書ツールとして使用していて，描画ツールを使っている最中に直線や四角形などの基本図形を挿入する必要が生じることがあります。いちいち素材をクリックして図形を選択したり，キーボードに手を伸ばしていると授業のリズムが崩れます。

　描画ツールで線や図形をフリーハンドで描き，そのまま手を離さずにいると線が真っ直ぐに整えられます。

■共同作業中にページがずれる時には

　縦スクロールモードで複数のページがあるデザインを共同編集している時，前のページを編集している人がページを増やしたり減らしたりすると，自分が編集しているページが動いてしまいます。

　ページしたの∧をクリックしてページバーを表示すると，ページの増減があっても表示がずれなくなります。

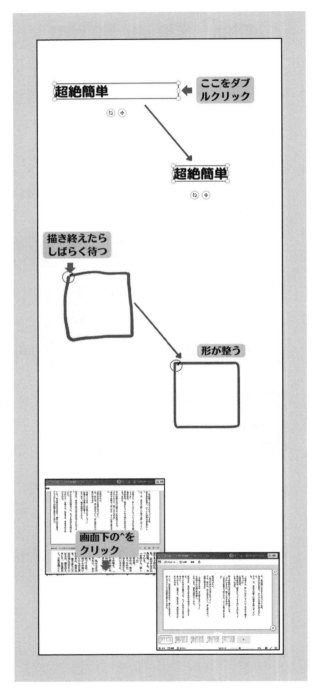

Canva

HACK

第2章

慣れてきたら！

「子どもたちが使う」
ステップ

プロフィール写真を変更する

スキル	ダウンロード画像のサイズ変更／プロフィール写真のアップロード

プロフィール写真をわかりやすいものに変更すると，共同作業時に誰がデザインに参加しているのかわかりやすくなります。

●── Canva活用のポイント ──────────────

① 正方形のデザインを作成する

ホーム画面右上のデザインを作成で「円」を検索し，円形のステッカーをクリックすると，円のガイド線が表示された正方形のデザインが作成されます。ガイド線は編集画面のみに表示され，実際の作品には表示されません。

② 円の中に収まるようにアイコンをデザインする

アイコンは円形に切り取られるので，ガイドラインに収まるようにデザインする必要があります。また，アイコンは非常に小さいので細かい文字やイラストを配置しても識別できません。
左サイドバーのデザインをクリックすると，円形ステッカーのテンプレートスタイルが表示されているので，気に入ったものを挿入して，デザインするのもよいでしょう。

③ 最小サイズでダウンロードする

デザインが完了したら，右上の共有をクリックしてダウンロードをクリックします。ファイルの種類を PNG か JPG にして，サイズのスライダを一番左に動かして，画像のサイズを最小にしてダウンロードをクリックして保存します。

④ プロフィール写真を登録する

ホーム画面で右上のアカウント設定（歯車のアイコン）をクリックして，写真を変更をクリック，ダウンロードした画像をアップロードするとプロフィール写真が変更されます。

1　正方形のデザインを作成する

円を検索

ここをクリック

円形のステッカーをクリック

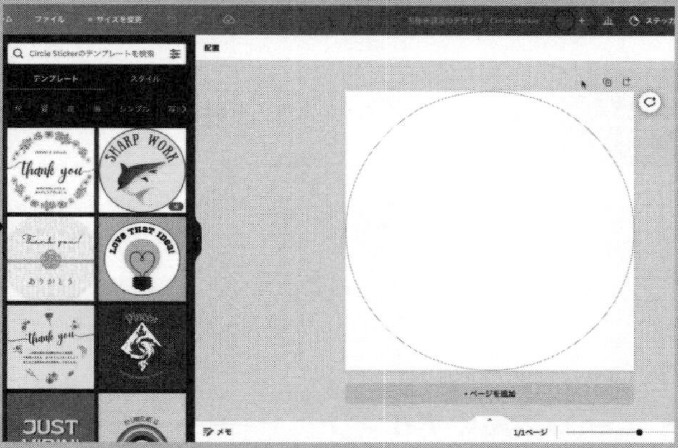

2　円の中に収まるようにアイコンをデザインする

円の外側はアイコンに表示されない

テンプレートを活用するのもOK

3　最小サイズでダウンロードする

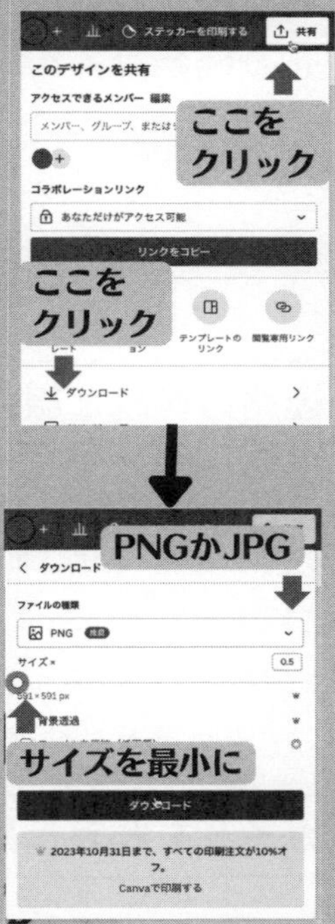

ここをクリック

ここをクリック

PNGかJPG

サイズを最小に

4　プロフィール写真を登録する

ここをクリック

写真を変更をクリック

アイコンが変更される

オリジナル迷路を作る

スキル ガイドの追加／直線の挿入／素材の複製

ガイドを設定すると素材がガイドにスナップするので，迷路づくりが簡単にできます。Alt（option）キーを押しながら素材をドラッグして複製すると驚くほどスムーズに迷路が完成します。

●── Canva活用のポイント

1 デザインを用意してガイドを設定する

ホーム画面右上のデザインを作成をクリックして，任意のサイズのデザインを選択します。

メニューバーのファイルをクリックし，表示の設定にポイントを乗せてガイドを追加するをクリックします。

カスタムをクリックし，列と行をお好みの数値に設定します。ギャップを0にし，ガイドを追加するをクリックすると，ガイドが追加されます。ガイドはロックされているため，ドラッグしても動きません。

2 迷路の作成と線の調整

キーボードのLを押して直線を挿入します。端のハンドルをドラッグするとガイドにスナップします。どんどん直線を追加し，迷路を作りましょう。Alt（option）を押しながら線をドラッグして線を複製してもよいでしょう。

迷路が完成したら，Ctrl（command）＋Aですべての直線を選択し，左上の線のスタイルをクリックして線の太さを調節します。

3 ガイドを非表示にする

メニューバーのファイルを再度クリックし，表示の設定にポインタを乗せて定規とガイドを表示をクリックすると，ガイドが消えて迷路が見やすくなります。

背景を設定したり，イラストを追加したりして楽しい迷路に仕上げましょう。完成したらPDFでダウンロードすると印刷できます。

※ガイドは「Shift＋R」で表示・非表示を切り替えることができます。

1 デザインを用意してガイドを設定する

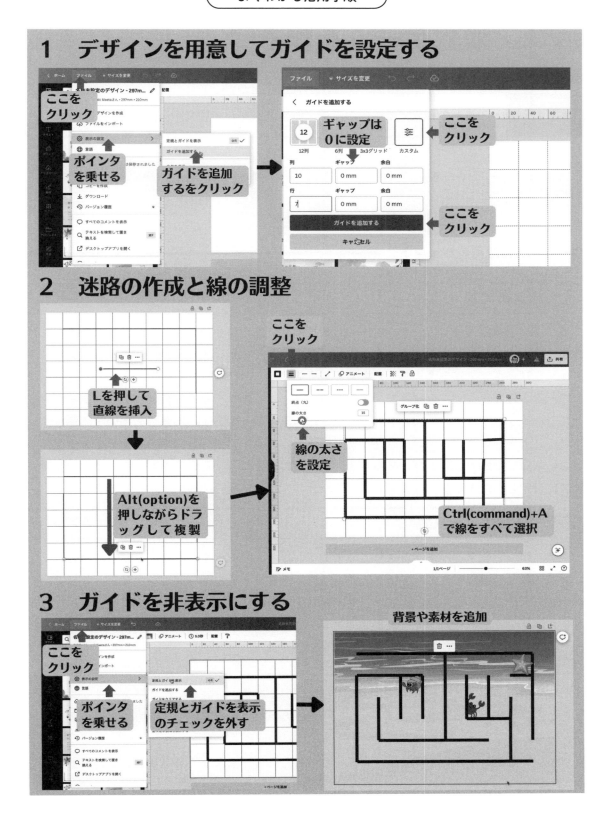

ここを
クリック

ポインタ
を乗せる

ガイドを追加
するをクリック

ギャップは
0に設定

ここを
クリック

ここを
クリック

2 迷路の作成と線の調整

ここを
クリック

Lを押して
直線を挿入

Alt(option)を
押しながらドラ
ッグして複製

線の太さ
を設定

Ctrl(command)+A
で線をすべて選択

3 ガイドを非表示にする

背景や素材を追加

ここを
クリック

ポインタ
を乗せる

定規とガイドを表示
のチェックを外す

29 双六ゲームを作る

スキル	四角形の挿入／線の色の変更／罫線スタイル／絵文字

> 図形のクイックフローを使うと簡単に双六風のゲームを作成できます。接続線を追加してコマの移動先の表示も簡単にできます。

●── Canva活用のポイント

1 マスの用意

デザインを新規作成して，キーボードのRを押して四角形を挿入します。四角形を選択した状態で上ツールバーのカラーをクリックしてホワイトを選択します。上ツールバーの<u>罫線スタイル</u>をクリックして線を太くし，角を丸くします。

四角形の位置や大きさを整えて，図形を右クリックして<u>クイックフローを有効にする</u>をクリック→クイックフローの矢印をクリックして四角形を追加します。四角形の間の接続線をクリックし，上ツールバーの<u>線の色</u>をクリック，お好みの色に変更して線を少し太くします。

先に四角形や線の設定を行っておくと，後から追加される図形に反映されるので大量に増やす前に設定しておきましょう。

2 マスに指示を入力

左下の四角形をダブルクリックして「スタート」と入力します。同じようにして他のコマにも１回休みなど指示を入力していきます。四角形を選択して左上の<u>図形</u>をクリックすると，四角形を矢印や星型など，他の図形に変更できます。接続線をコピーして他のコマに戻ったりワープしたりする指示を追加できます。

3 絵文字を追加してコマにする

左ツールバーの<u>アプリ</u>をクリックし<u>絵文字</u>を選択します。お好みの絵文字をクリックし，大きさと位置を整えます。絵文字は上ツールバーのカラーで色を変更できるので遊ぶ人数分のコマを用意しましょう。

印刷して遊ぶこともできますが，共有リンクを発行して端末上で遊ぶこともできます。

1 マスの用意

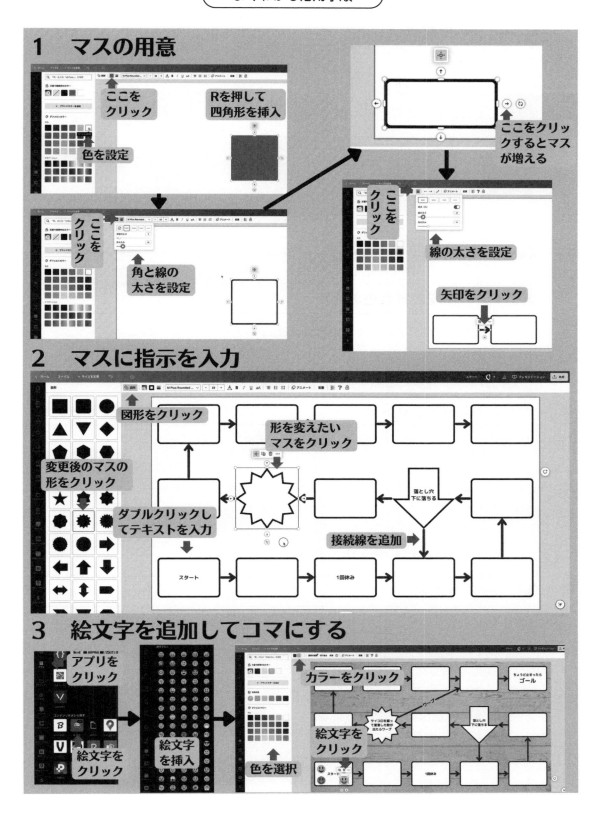

ここをクリック

Rを押して
四角形を挿入

色を設定

ここをクリックするとマスが増える

ここをクリック

ここをクリック

角と線の
太さを設定

線の太さを設定

矢印をクリック

2 マスに指示を入力

図形をクリック

形を変えたい
マスをクリック

変更後のマスの
形をクリック

ダブルクリックし
てテキストを入力

接続線を追加

落とし穴
下に落ちる

スタート

1回休み

3 絵文字を追加してコマにする

アプリを
クリック

絵文字を
クリック

絵文字
を挿入

色を選択

カラーをクリック

ちょうどとまったら
ゴール

絵文字を
クリック

サイコロを振っ
て着地した数だけ
出たらワープ

落とし穴
下に落ちる

スタート

1回休み

落款風の QR コードを作成する

国語

スキル	背景色の変更／描画／QR コード

　作成した習字の解説動画にアクセスできる，落款風の赤い QR コードを作成し，習字の作品に貼り付けて掲示しましょう。

●— Canva活用のポイント

① デザインの作成と背景色の設定

　ロゴデザインを新規作成します。ホーム画面右上のデザインを作成→ロゴをクリック。次にデザインの背景をクリックしてから上ツールバーの背景色をクリックします。左サイドバーにカラーパレットが表示されるので，デフォルトカラーの明るい赤を選択します。

② デザインに名前を書き込む

　左サイドバーの描画をクリックし，上から 2 番目のマーカーペンを選択し，カラーをクリックしてデフォルトカラーの白を選択します。設定をクリックしてペンの先を太くします。

　このあとデザインに名前を書き込みます。QR コードが生成される際に右上，左上，左下に大きな四角形（切り出しシンボル）が挿入されるので，デザイン全体に書き込まず，右上，左上，左下が空くように書くとよいでしょう。

　書き終わったら忘れずにデザインに名前をつけましょう。

③ QR コードの生成

　右上の共有をクリックして，もっと見るをクリックします。

　共有グループの中の QR コードをクリックします。URL 欄に子どもたちが自分の作品を説明した動画への URL を貼り付け，QR コードを生成するをクリックします。QR コードが生成されたら QR コードのダウンロードをクリックして保存します。カラー印刷し，習字作品に貼り付けることで落款風の QR コードになります。

1 デザインの作成と背景色の設定

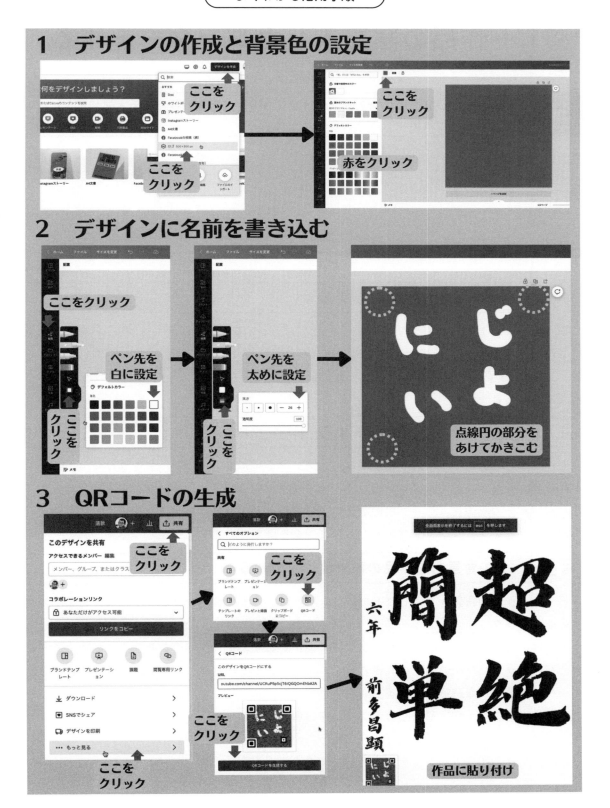

2 デザインに名前を書き込む

3 QRコードの生成

作品の写真入りカレンダーを作る

| **スキル** | テンプレートの検索／画像のアップロード／画像の差し替え／デザインから
カラーを選択 |

　図画工作の作品を撮影してカレンダーを作りましょう。テンプレートを使うと簡単に写真入りのカレンダーを作成できます。

◯━ Canva活用のポイント ━━━━━━

①　カレンダーのテンプレートを選ぶ

　ホーム画面右上のデザインを作成をクリック，「カレンダー（月間カレンダー）」を検索して，カレンダーをクリック。左サイドバーの検索バーで検索ワードに「作成したいカレンダーの年」「写真」を追加してエンターキーを押します。使用したいテンプレートをクリックしてページに適用します。

②　作品の写真をアップロードする

　左サイドバーのアップロードをクリックして，ファイルをアップロードをクリック。カレンダーに挿入したい作品の画像を選択して，開くをクリックします。アップロードが終わったら左サイドバーの画像を，ページ内の画像の上にドラッグ＆ドロップすると，画像が差し替えられます。画像をダブルクリックするとトリミングを調整できます。

③　ページの背景色を作品の背景色に合わせる

　ページと作品の背景色を同じにしてみましょう。ページの背景をクリックしてから左上の背景色をクリック。新しいカラーを追加をクリックして，スポイトのアイコンのデザインからカラーを選択をクリックするとポインタが拡大鏡に変わります。作品の背景をクリックすると背景色がクリックした部分の色に変更されます。色はデザインだけでなく，画面に表示されているすべての部分から選択できます。

　背景色以外にも，文字色や図形の塗りつぶし色，表の罫線色などでもデザインからカラーを選択で色を指定できます。

　完成したらPDFでダウンロードして印刷しましょう。

1 カレンダーのテンプレートを選ぶ

月間カレンダーを検索

ここをクリック

年と写真を検索ワードに追加

クリックしてデザインに適用

2 作品の写真をアップロードする

作品の画像ファイルを選択

開くをクリック

アップロードをクリック

画像をドラッグ＆ドロップ

3 ページの背景色を作品の背景色に合わせる

背景色をクリック

使いたい色をクリック

ここをクリック

ここをクリック

32 作品をモックアップに埋め込んで楽しむ

図画工作

スキル	Mockups／画像のアップロード

図画や習字などの作品をそのまま掲示するのもよいですが，スマホの画面やＴシャツに埋め込んだ画像を作り印刷して掲示してみましょう。

●── Canva活用のポイント ──

① デザインを作成する

ホーム画面右上のデザインを作成をクリックして新しいデザインを作成します。完成後にデザインを印刷するのであれば文書（Ａ４縦）か文書（Ａ４横）で作成します。

② モックアップをデザインに挿入する

左サイドバーのアプリをクリックしMockupsをクリックします。お好みのカテゴリーのすべて表示をクリックして，作品を埋め込みたいモックアップを選択します。

モックアップに埋め込みたい作品を撮影する時は，作品がゆがまないように真正面から撮影すると，あとでトリミングしやすくなります。左サイドバーのアップロードをクリックしてファイルをアップロードをクリック，作品を撮影した画像ファイルを選択して開くをクリックします。アップロードした画像をモックアップの上にドラッグ＆ドロップすると，画像が埋め込まれます。

③ モックアップを編集する

ページ上のモックアップをクリックして，左上の編集をクリックすると，画像の埋め込み状態を大まかに調整できます。アパレルのモックアップでは衣服の生地の色を変更できます。

モックアップにはフィルターをかけたり，ぼかしをかけたりなどの編集はできません。モックアップを右クリック（ダブルタップ）して選択した素材をダウンロードをクリックして画像としてダウンロードし，それをデザインに挿入することで，編集できるようになります。

1 デザインを作成する

デザイン作成後
アプリをクリック

2 モックアップを
デザインに挿入する

Mockupsを
クリック

すべて表示
をクリック

使いたいモ
ックアップ
をクリック

画像をドラッグ&ドロップ

3 モックアップを編集する

編集をクリック

カラーをクリック

色を選択すると服
の生地色が変わる

33 生活目標のポスターを作成する

スキル	カスタムサイズ／テキストの挿入

同じ生活目標でもさまざまなデザインのポスターがあると子どもたちが注目するようになります。バラバラに作成すると印刷が大変ですが，１つのデザインにまとめると印刷が楽になります。

●— Canva活用のポイント

① A４横サイズのデザインを作成する

　ホーム画面で右上のカスタムサイズをクリックして単位を px から mm に変更し，幅を297，高さを210に設定して新しいデザインを作成をクリックします。キーボードの T を押してテキストを挿入し，生活目標のポスターに必要な文言を入力します。Word や Google ドキュメントで作成された生活目標の一覧表などがあれば，それらの文書から Ctrl（command）+C でコピーして，Canva のデザインに Ctrl（command）+V で貼り付けると効率的です。

　この時，複数のテキストをまとめてコピー＆ペーストすると，１つのテキストボックスにまとまってしまいます。子どもたちが自由にレイアウトできるように，面倒でも別々にコピー＆ペーストすることをおすすめします。レイアウトや装飾は子どもたちが行います。子どもの人数分ページをコピーしましょう。

② デザインを共有して子どもたちに編集させる

　共有したデザインを子どもたちに開かせます。自分の担当するページに移動して，文字のフォントや色を変えたり，画像やイラストを追加したりして，自由に編集させます。

　低学年用のポスターは，漢字をひらがなにしたり，読み仮名を振ったりしてもよいでしょう。

③ PDF でダウンロードして印刷する

　全員のポスターが完成したら，右上の共有をクリックしてダウンロードをクリックします。

　ファイルの種類を PDF に変更してダウンロードをクリックしましょう。ダウンロードされた PDF を開き印刷すると，すべてのページをまとめて印刷できます。

1　A4横サイズのデザインを作成する

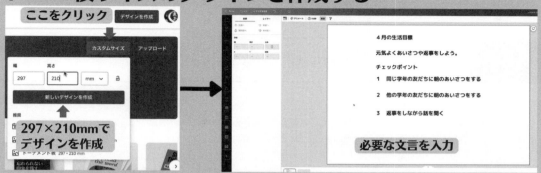

2　デザインを共有して子どもたちに編集させる

3　PDFでダウンロードして印刷する

34 七夕の飾りつけを作る

スキル	カスタムサイズ／素材の検索／画像を背景として設定

七夕飾りを Canva で作りましょう。本物の笹と短冊もよいのですが，デジタルで作成すると後始末が楽です。印刷して掲示したり学級通信に掲載したりできます。

●── Canva活用のポイント

① デザインの作成

右上のカスタムサイズをクリックし，単位を px から mm に変更します。幅を297，高さを210に設定し新しいデザインを作成をクリックして，Ａ４横置きサイズのデザインを作成します。忘れずにファイル名を入力しておきましょう。

② 短冊と笹の用意

左サイドバーの素材をクリックし，検索バーで「短冊」を検索します。グラフィックのすべて表示をクリックし，気に入った短冊を選んでデザインに挿入し大きさを整えます。１ページに複数種類の短冊を挿入しておきましょう。できたら子どもたちの人数分ページを複製します。

ページを追加し素材をクリックし「星空」を検索します。気に入った画像を選んでデザインに挿入して，画像を右クリック（ダブルタップ）して画像を背景として設定をクリックします。

素材から「笹」を検索しデザインに追加して位置と大きさを整えます。調整した笹を追加します。

③ 願いごとを書いて笹に飾る

共有リンクを発行し，子どもたちをデザインに参加させます。気に入った短冊を選び，願いごとと名前を書かせます。短冊とテキストをまとめて選択して Ctrl（command）＋C でコピーして，笹のページに貼り付けます。最初から笹のページで作業することもできるのですが，全員が同じ画面で編集作業を行うと，多くの場合混乱します。

学級の人数が多い場合は笹のページを増やすとよいでしょう。素材にはたくさんの七夕飾りが用意されているので，早く書き終わった子には飾りつけをさせるとよいです。笹のページをPDF でダウンロードして印刷すると素敵な掲示物になります。

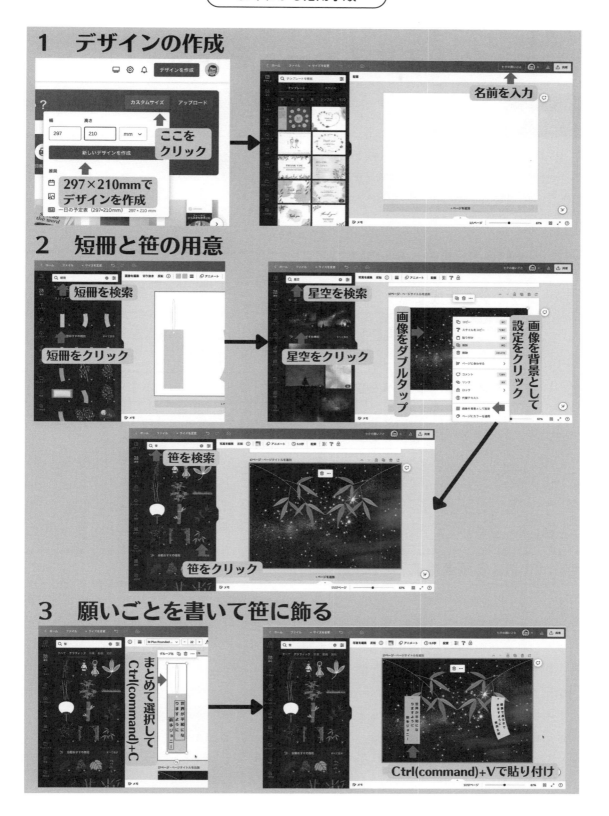

35 Magic Media で クリスマスカードを作る

スキル	画像を背景として設定／Magic Media

Magic Media を使うと，AI で画像を生成できます。「サンタクロースのコスプレをしたパンダ」のように，Canva の素材に用意されていない画像を使って楽しいクリスマスカードを作りましょう。

●── Canva活用のポイント

① デザインを作成する

ホーム画面で右上のデザインを作成をクリックしポストカード（見当たらない場合は検索）を選択して新しいデザインを作成して，デザインに名前をつけます。

② クリスマスカードのベースを作成

左ツールバーのデザイン→テンプレートをクリックして検索バーに「クリスマス」と入力してお好みのテンプレートを選択します。不要な要素は選択して削除しましょう。

お好みのテンプレートがなかったら左ツールバーの素材をクリックして「クリスマス」を検索します。たくさんのクリスマス素材が表示されるので，それらを組み合わせてカードを作りましょう。写真素材は右クリック（ダブルタップ）して画像を背景として設定をクリックすると，背景として設定することができます。

③ AI による画像生成

左ツールバーからアプリをクリックし Magic Media を選択します。AI に作成させたい画像の説明（プロンプト）を入力し，サイズやスタイルを選択して画像を生成をクリックするとプロンプトに合わせた画像が生成されます。日本語のプロンプトに対応していますが，イメージに合った画像が生成されない場合は，翻訳サイト等を使って英語のプロンプトを作成しましょう。

気に入った画像ができたらクリックしてデザインに挿入しましょう。生成された画像は選択して背景リムーバをかけたり，フィルターをかけたりして編集することができます。

※2024年 2 月現在は，Magic Media は「マジック生成」に名称が変わりました。

1 デザインを作成する

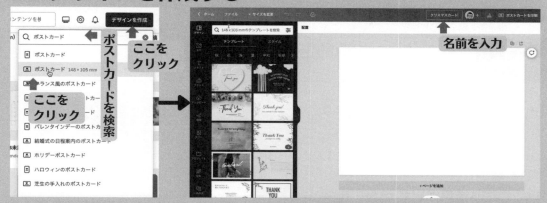

2 クリスマスカードのベースを作成

3 AIによる画像生成

修学旅行のしおりを作る

| スキル | カスタムサイズ／デザインの共有／PDF のダウンロード |

> Canva でデザインしたものをスケッチブックに貼り付けて修学旅行のしおりを作りましょう。スクリーンショットを使うと既存のしおりの必要な部分を有効活用できます。

●── Canva活用のポイント

①　A 4 横サイズでデザインを作成する

　ホーム画面でカスタムサイズをクリック，px を mm に変更して幅を297，高さを210に設定して，新しいデザインを作成をクリックします。デザインを作成で A 4 （横）を検索してもよいのですが，チラシを印刷のボタンが表示されてしまうので，カスタムサイズで作るのがおすすめです。

　デザインの名前をつけて右上の共有をクリックしてコラボレーションリンクをリンクを知っている全員，編集可にしてリンクをコピーをクリック，子どもたちにコピーしたリンクを伝えて開かせ，分担してしおりを作りましょう。

②　スクリーンショットを貼り付ける

　他のアプリで作った過去のしおりで，そのまま使えるところは，画面をスクリーンショット（Windows の場合：Shift＋Windows キー＋S，Chromebook は Shift＋Ctrl＋ウィンドウを表示キー，Mac は Shift＋command＋5）して Ctrl （command）＋V で Canva に貼り付けましょう。

　Canva のデザインや Google マップなどを埋め込んだものは，PDF にすると表示されないものもあります。スクリーンショットで画像にして貼り付けましょう。

③　PDF でダウンロードして印刷する

　Canva のデザインはそのままでは印刷できません。共有→ダウンロードの順にクリックして，ファイルの種類を PDF にしてダウンロードしてから印刷しましょう。

　学校のプリンタで印刷する時は PDF （印刷）ではなく，PDF （標準）で十分な画質になります。

1　Ａ４横サイズでデザインを作成する

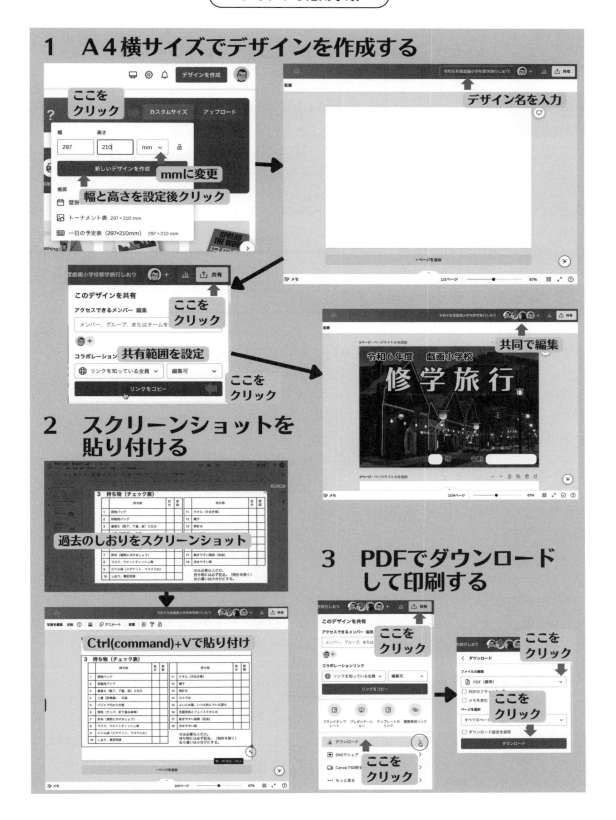

2　スクリーンショットを貼り付ける

3　PDFでダウンロードして印刷する

(37) 委員会活動の
お知らせムービーを作る

スキル	Magic Switch／自分を録画／閲覧専用リンク

> 編集可能なリンクを共有すると動画の編集も同時進行で行えます。動画作成のための話し合いもCanva 上で行うとさらに効率がよくなります。

●── Canva活用のポイント ──

(1) 動画用のデザインを用意する

　ホーム画面で右上のデザインを作成をクリックしてプレゼンテーションでデザインを新規に作成します。ページを右クリック（ダブルタップ）してホワイトボードに展開するをクリックします。共有リンクを発行して，グループで動画の構成や役割分担を話し合います。

　話し合いが終わったらホワイトボードを折りたたんでプレゼンテーションに戻し，メニューバーの Magic Switch をクリックします。検索バーで「動画」を検索して選択，続行→コピーとサイズ変更をクリックして，デザインを動画に変換します。

(2) 動画を撮影する

　必要なシーン数だけページを追加して，自分の担当シーンのページに移動し，必要な文字や画像，グラフ，表などを配置します。左サイドバーのアップロードをクリックして自分を録画するをクリック。録画をクリックするとカウントダウン後に録画が始まりますので，ページの説明を収録します。

　完了→保存して終了をクリックするとアップロードが始まります。アップロードが終わるとページに動画が挿入されます。動画に合わせて画像や表，グラフが表示されるタイミングを調整しましょう。動画が完成したら，話し合いのメモである1ページ目は削除します。

(3) 校内で配信する

　校内で配信するだけなら動画をダウンロードする必要はありません。共有をクリックして閲覧専用リンク→コピーの順にクリックします。コピーされたリンクを Google Classroom やTeams で校内に配信して視聴してもらいましょう。

　※2024年2月現在は，Magic Switch は「リサイズ＆マジック変換」に名称が変わりました。

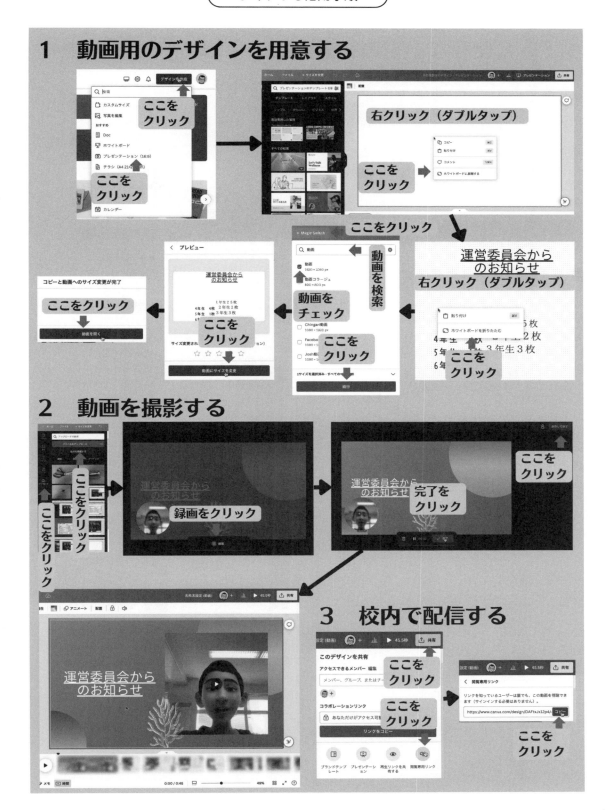

Column

ちょっと便利な小技の紹介②

■テキストの背景色の凹凸をなくす

テキストに背景のエフェクトをかけると文字数によっては背景色に凹凸が発生します。テキストを範囲選択してスペースをクリックし，文字間隔を調整すると凹凸がなくなります。

■Canva の素材を1つだけダウンロード

Canva の素材は2つ以上まとめて選択して右クリック（ダブルタップ）すると，素材だけを画像としてダウンロードできますが，1つではできません。透明な素材を作成して素材を重ねて選択すると，ダウンロードできるようになります。

■PowerPoint ファイルとして　ダウンロード

Canva のプレゼンテーションはインターネットにつながっていないと再生できないため，ネット環境がない会場や，回線が細い会場では使えないことがあります。共有のダウンロードから PPTX 形式でダウンロードできますがデザインのサイズによっては表示されません。

共有をクリックしてもっと見るをクリック。Microsoft PowerPoint をクリックすると，プレゼンテーションを PowerPoint 形式のファイルで保存できます。PowerPoint で保存すると Google スライドでも開けます。

Canva

HACK

第3章

さらに深い活用へ！

「授業で使う」
ステップ

38 電子板書① 電子板書用の デザインを作る

授業全般

スキル デザインの作成／デザインの共有

> Canvaを電子板書ツールとして使いましょう。とても快適に編集できるCanvaは電子板書ツールとして最適です。まずは電子板書用のデザインを作成して共有しましょう。

○── Canva活用のポイント ──────

(1) プレゼンテーションでデザインを作成する

ホーム画面で右上のデザインを作成をクリックして，プレゼンテーションをクリックします。電子板書なのでホワイトボードで作成した方がよいと感じるかもしれません。しかし，プレゼンテーションで作成したデザインをホワイトボードに展開することはできますが，ホワイトボードで作成したデザインをプレゼンテーションにすることはできないのです。ここでは迷うことなくプレゼンテーションを選択してください。

共有前にデザインの名前をつけます。デザインの名前をつけずにGoogle ClassroomやMicrosoft Teamsで共有するとファイル名が「無題の○○」としてブラウザに記憶されてしまい，修正が大変です。

(2) 共有リンクを発行して子どもたちに送る

右上の共有をクリックして，お使いの環境に合わせてコラボレーションリンクをコメント可または編集可で発行します。表示可では加えた変更がリアルタイムで反映されないので電子板書には不向きです。

リンクのURLはClassroomやTeamsで課題を作成してから添付します。Canvaから直接ClassroomやTeamsに送ると，共有リンクではなくテンプレートリンクとして配付され，教師が板書を進めても子どもたちの画面に反映されません。

(3) 授業を進める

子どもたちがリンクを開くと全員に教師と同じ画面が表示されます。子どもたちは必要に応じて表示倍率を変更して，自分が見やすいように調整できます。

1 プレゼンテーションでデザインを作成する

ここをクリック

ここをクリック

デザイン名を入力

2 共有リンクを発行して子どもたちに送る

リンクの変更を更新しました

このデザインを共有

ここをクリック

アクセスできるメンバー 編集

メンバー、グループ、またはクラスを追加

クリックして展開

コラボレーションリンク

子どもたちは編集できず、リアルタイムに表示できない

子どもたちは編集できないがリアルタイム表示

子どもたちも編集できる

リンクを知っている全員　編集可

表示可

コメント可

編集可 ✓

リンクを～

ブランドテンプレート　プレゼンテーション　課題　閲覧専用リンク

3 授業を進める

左サイドバーが表示される

教師画面

コメント可で共有した子どもたちの画面

コメント可で共有した子どもたちの画面

コメント可で共有した子どもたちの画面

39 電子板書②　板書を書き進めて録画する

授業全般

スキル	自分を録画

共有したデザインにテキストや画像を追加すると，子どもたちの画面にもすぐに表示されます。教師の発問や指示を動画で板書に残すことで，子どもたちの多様な特性に対応できます。

 Canva活用のポイント

① 板書を書き進める

　教師の端末でページに文字を入力したり画像を貼り付けたりすると，ほぼリアルタイムで子どもたちの端末に反映されます。Canva で用意されている豊富な素材を使用するのはもちろん，自分で用意した写真や図，動画も簡単に挿入できます。

　パソコンで教材研究をしていれば，そこから電子板書に表示させる文言や画像をコピーして電子板書のデザインに貼り付けられるので，板書がスムーズになります。音声入力でテキストを入力するのもよいでしょう。

　Canva で作成したワークシートや資料の共有リンクをコピーして電子板書に貼り付けると，入れ子のように電子板書内にデザインを挿入できます。教師用デジタル教科書の図版をスクリーンショットして貼り付けるのも効果的です（SARTRAS への加入は必須です）。

② 発問や指示を録画して挿入する

　左サイドバーのアップロードをクリックして自分を録画するをクリックします。撮影の種類をカメラにします。録画をクリックして発問や指示を録画します。終わったら完了をクリックし，右上の保存して終了をクリックします。アップロード後に動画がページに挿入されるのでサイズを変更して，板書の邪魔にならない位置に移動しましょう。これで，子どもたちは必要に応じてもう一度発問や指示を聞き直すことができます。また，欠席していた子に後から指導する際にも有効です。

　同じ手順を子どもたちに行わせることで，板書内に子どもたちの発表を動画で挿入することができます。

1　板書を書き進める

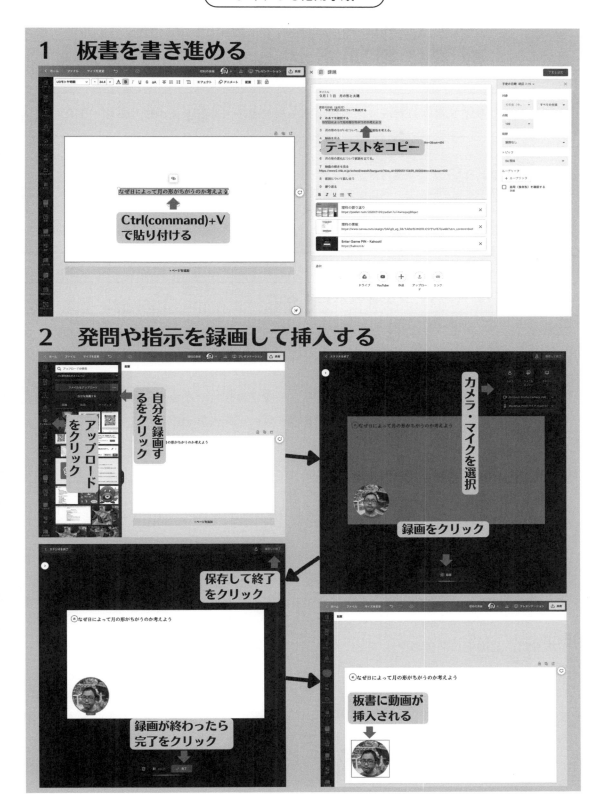

テキストをコピー

Ctrl(command)+V
で貼り付ける

2　発問や指示を録画して挿入する

自分を録画す
るをクリック

アップロード
をクリック

カメラ・マイク
を選択

録画をクリック

保存して終了
をクリック

録画が終わったら
完了をクリック

板書に動画が
挿入される

40 電子板書③　子どもたちを板書に参加させる

授業全般

スキル	サイドバーの表示・非表示／ページの表示・非表示／ホワイトボードに展開

子どもたちを共有した電子板書に参加させると双方向の板書が容易に実現できます。狭くなったら2クリックでホワイトボードモードに変更できます。

●—— **Canva活用のポイント** ————————————————————

① サイドバー，ページを非表示にする

通常はコメント可で子どもたちに電子板書を共有しますが，右上の共有をクリックしてコラボレーションリンクの設定を「編集可」にすると，子どもたちも電子板書に記入したり編集したりできるようになります。

編集可能になると左にサイドバー，下にページ一覧が表示されます。子どもたちの端末は一般的に画面が小さいので，使わない時はサイドバー，ページ一覧を非表示にするとよいでしょう。

② ホワイトボードに展開する

子どもたちが参加して共同で作業する時に画面がせまい場合はホワイトボードに展開しましょう。デザイン上で右クリック（ダブルタップ）して，ホワイトボードに展開するをクリックすると，ページがホワイトボードになり，半無限面積になります。タッチパッドを2本指でスワイプすることでホワイトボード内を移動，ピンチイン・ピンチアウトで表示倍率を変更できます。ホワイトボードに参加している子どもたちのポインタが表示されるので，誰がどこを差しているのかが一目瞭然です。画面が広すぎるのでホワイトボード内で迷子になる子が出ます。その場合は，画面上の教師のアイコンをクリックすると，教師のポインタがあるところにジャンプできることを指導しておくとよいでしょう。

共同作業が終わったら画面を右クリック（ダブルタップ）してホワイトボードを折りたたむをクリックすると，通常のモードに戻ります。プレゼンテーションからホワイトボードに展開したページを折りたたむことはできますが，ホワイトボードで作成したデザインを折りたたんでプレゼンテーションサイズにすることはできません。共同作業する場合はプレゼンテーションでデザインを作り始めることをおすすめします。

1 サイドバー，ページを非表示にする

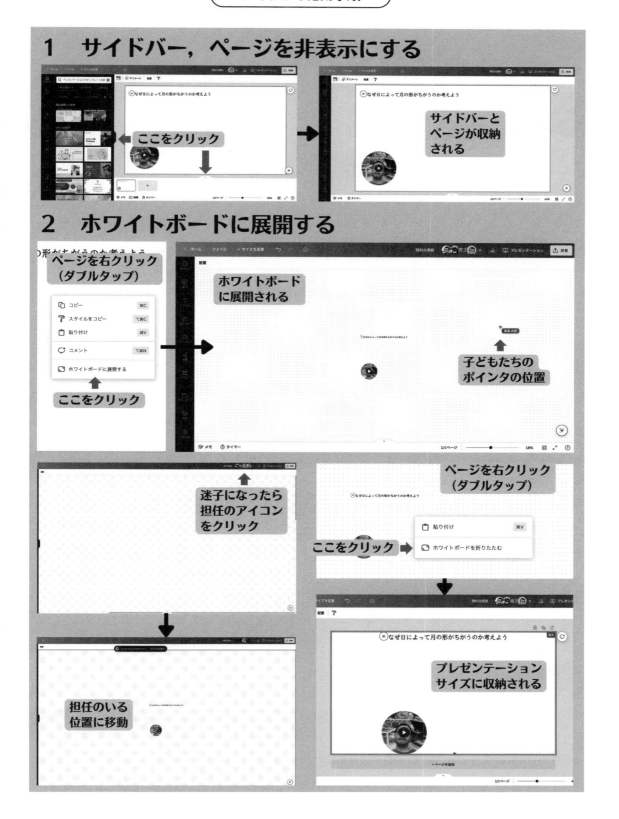

ここをクリック

サイドバーと
ページが収納
される

2 ホワイトボードに展開する

ページを右クリック
（ダブルタップ）

ここをクリック

ホワイトボード
に展開される

子どもたちの
ポインタの位置

迷子になったら
担任のアイコン
をクリック

ページを右クリック
（ダブルタップ）

ここをクリック

担任のいる
位置に移動

プレゼンテーション
サイズに収納される

素材のアルファベットで名前を書く

外国語活動

スキル	素材の挿入／画像を背景として設定

素材にはたくさんのアルファベットのイラストが用意されています。それらを組み合わせて名前を作りましょう。機械的に繰り返し書くよりも楽しくアルファベットに慣れることができます。

●── Canva活用のポイント

① デザインを用意して共有する

右上のカスタムサイズをクリックして（297mm×210mm）でデザインを新規作成します。子どもたちの人数分ページを複製したら共有をクリックして編集可でコラボレーションリンクを作成して，子どもたちに伝えます。

② 素材からアルファベットの画像を挿入する

左サイドバーの素材をクリックし，自分の名前に含まれるアルファベットを検索します。気に入ったアルファベットのイラストをクリックしてデザインに挿入して位置と大きさを整えます。

同じアルファベットが複数含まれる場合は，別のイラストを選ばせるとよいでしょう。

③ 背景を選択して印刷する

左サイドバーの背景をクリックして，ページに背景を設定します。気に入ったものが見当たらない場合は，素材から画像を挿入して，素材を右クリック（ダブルタップ）して画像を背景として設定をクリックするとよいでしょう。

全員の作品が出来上がったら，共有をクリックしてファイルの種類を PDF として保存すると，全員分まとめて印刷できます。

PLUS α　学年ごとに難易度を変える

3 年生は大文字，4 年生は小文字で作成させるとよいでしょう。復習として高学年で実施するのも効果的です。

1 デザインを用意して共有する

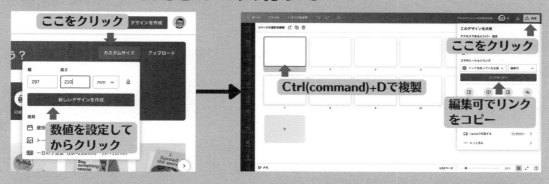

2 素材からアルファベットの画像を挿入する

3 背景を選択して印刷する

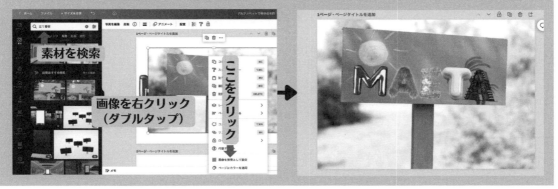

英語で形送りゲーム

外国語活動

スキル	グリッドビュー／複製／円の挿入／正方形の挿入／図形の変更

　外国語活動に取り入れることができる形送りゲームの手順です。Canva を使って楽しみながら英語でのコミュニケーションを学ぶことができます。

●── Canva活用のポイント ━━━━━━━━━━━━

① ワークシートを用意して共有する

　任意のサイズでデザインを新規作成して，右下のグリッドビューをクリックします。1ページ目をクリックして Ctrl（command）＋D で子どもたちの人数分と教師用の1枚を複製します。ページの下の番号の横の鉛筆アイコンをクリックして，子どもたちの名前を記入します。デザイン自体は白紙で大丈夫です。右上の共有をクリックして編集可でコラボレーションリンクを発行し子どもたちに伝えて開かせます。

② ペアを組んでゲームをする

　子どもたちがリンクを開く前にペアを組ませます。リンクを開いてデザインに参加したら，ペアの相手のシート（自分のシートではありません！）を開きます。

　ジャンケンで先攻後攻を決め，先攻から「What do you want?」と質問します。後攻は「Green Circle, please.」のように，ほしい形を英語で伝えます。先攻は相手のページ上でキーボードのCを押して円を挿入し，色を緑に変更します。これを交互に繰り返します。

　正方形を要求された場合はキーボードのRをクリックします。それ以外の形（Triangle や Star）を要求された場合は，一旦円か正方形を挿入した後に，左上の図形をクリックして要求された形に変更します。

　形を受け取ったら，大きさや位置は自由に変えてもよいが，形と色は変えてはいけないルールにするとよいでしょう。形を組み合わせてイラストができるまで続けます。

(PLUS α)　並べて表示する

　画面を分割表示して，自分のページと相手のページを同時に開くとさらにわかりやすくなります。

1 ワークシートを用意して共有する

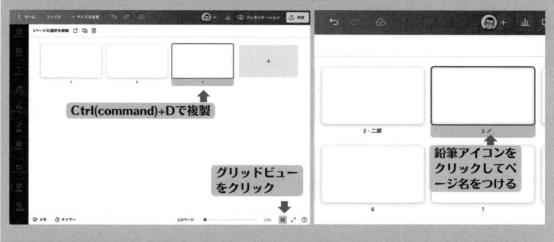

2 ペアを組んでゲームをする

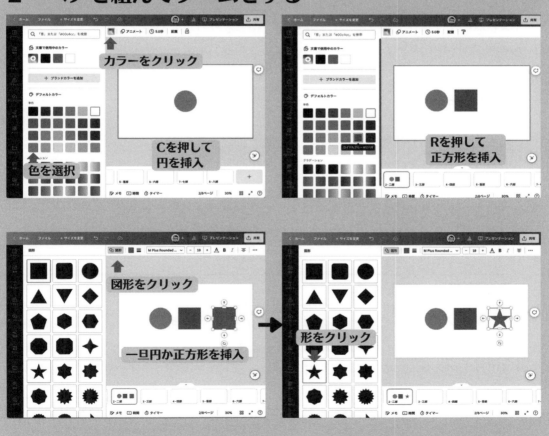

43 英単語の発音確認ボードを作る

外国語

スキル	音声のアップロード／動画のダウンロード

　発音確認ボードを作って子どもたちが自分で発音を確認できるようにしましょう。1人で作ると大変ですが子どもたちと一緒に作ると楽しく簡単に作成できます。

○── Canva活用のポイント

① 音声ファイルの用意

　音読さんは無料で使える音声読み上げソフトです。音読さん（https://ondoku3.com/ja/）を開き，音声にしたい英単語を入力します。言語と音声を選択し読み上げをクリックします。ダウンロードをクリックしてファイル名を入力後，保存をクリックします。

　英語が得意な人は自分で発音して音声ファイルを作成してもよいでしょう。

② 単語ごとに動画を作成する

　Canva を開き，デザインを作成をクリックして，動画をクリックします。キーボードのTを押してテキストを挿入し英単語を入力し，大きさと位置を整えます。

　左サイドバーの素材をクリックして英単語を検索し，お好みの素材をデザインに挿入して大きさと位置を整えます。左サイドバーでアップロードをクリックしファイルをアップロードをクリック。ダウンロードしておいた音声ファイルをアップロードします。

　共有→ダウンロードとクリックして MP4形式（品質480p）で動画ファイルをダウンロードします。

③ 発音確認ボードを作る

　新たにデザインを作成し，作成した英単語の動画ファイルを挿入します。上ツールバーの再生をクリックしループ再生と自動再生をオフにします。

　閲覧専用リンクを発行して子どもたちに開かせると，クリックで発音を確認できるようになります。

※音読さんを無料アカウントで使用した場合は，校内使用でもクレジット表記が必要です。

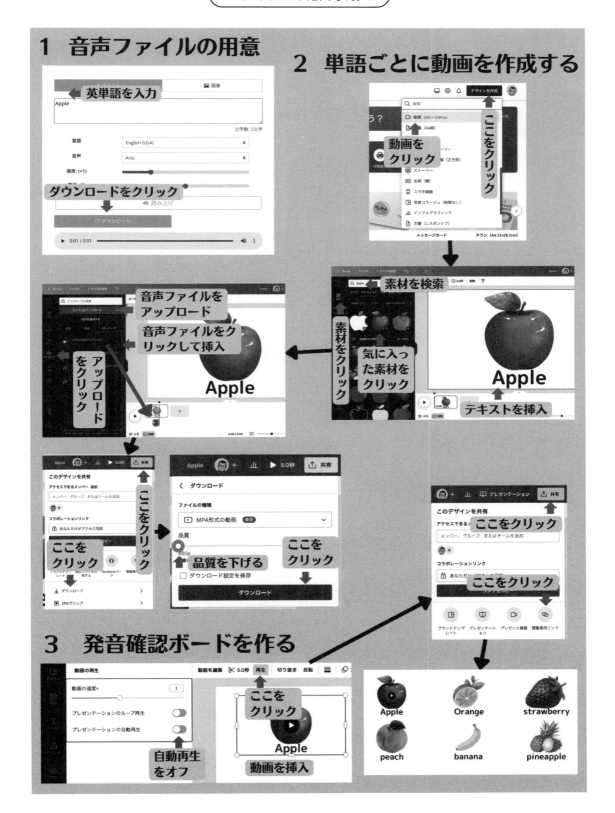

1 音声ファイルの用意

英単語を入力

ダウンロードをクリック

2 単語ごとに動画を作成する

動画を
クリック

ここをクリック

素材を検索

素材を
クリック

気に入っ
た素材を
クリック

テキストを挿入

音声ファイルを
アップロード

音声ファイルをク
リックして挿入

アップロードをクリック

ここをクリック

ここを
クリック

品質を下げる

ここを
クリック

ここをクリック

ここをクリック

3 発音確認ボードを作る

自動再生
をオフ

ここを
クリック

動画を挿入

44 背景付きの短歌を作る

国語

| **スキル** | 縦書きテキスト／要素の複製／画像を背景として設定／ぼかし |

　Canva の縦書きテキストで，短歌を作りましょう。フォントを変えたり，短歌のイメージにあった背景を設定したりすると素敵な作品ができます。俳句でも実践可能です。

●— Canva活用のポイント

① デザインの準備と配付

　Ａ４文書サイズでデザインを作成し，キーボードのＴを押してテキストボックスを挿入し「〇〇〇〇〇〇〇」のようにダミー文字を７文字入力します。上ツールバーの<u>縦書きのテキスト</u>をクリックして縦書きにして，文字揃えを上揃えに設定します。Alt（option）キーを押しながらテキストをドラッグして５行分複製します。１行目と３行目は５文字にしておきます。そして，左下に名前用のテキストボックスを用意します。テキストは子どもたちが自分で挿入してもよいのですが，あらかじめ５７５７７で設定しておくことで文字数を意識しやすくなります。

　一括作成で子どもたちの名前を入れてページを複製し，共有リンクを発行して子どもたちに開かせましょう。

② 短歌づくりと背景の設定

　子どもたちは自分のページに移動して短歌を入力します。短歌ができたら左サイドバーの<u>素材</u>をクリックし短歌のイメージにあった画像を探して挿入します。挿入した画像を右クリック（ダブルタップ）して<u>画像を背景として設定</u>をクリックします。

　テキストを適切な位置に配置し，お好みのフォントに変更したり，エフェクトをかけたりして作品を仕上げさせましょう。

③ 背景をぼかす，生成する

　背景に写真を選んだ場合，写真選択後上ツールバーの<u>写真を編集</u>をクリック。エフェクトの<u>ぼかし</u>をクリックすると少し違った感じの作品になります。短歌を Magic Media に貼り付けて画像を生成して背景にするのもおもしろいので，ぜひお試しください。

1 デザインの準備と配付

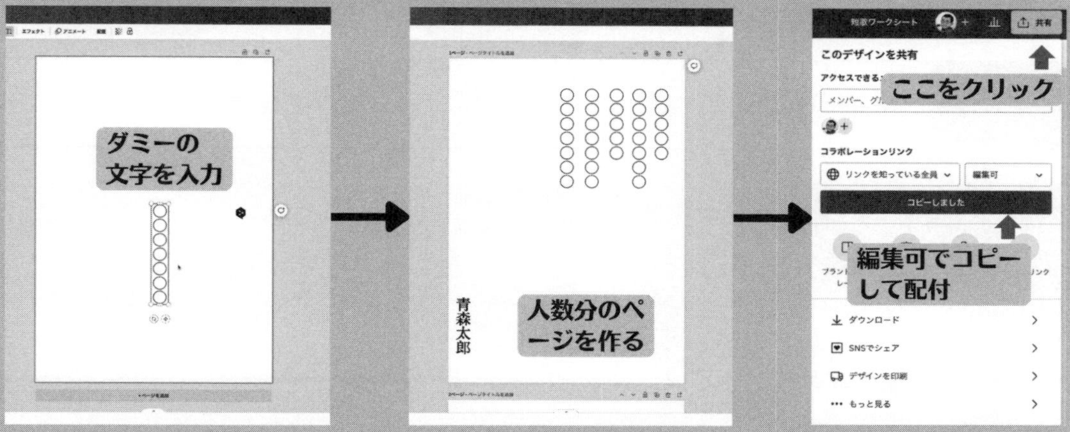

ダミーの
文字を入力

人数分のペー
ジを作る

青森太郎

ここをクリック

編集可でコピー
して配付

2 短歌づくりと背景の設定

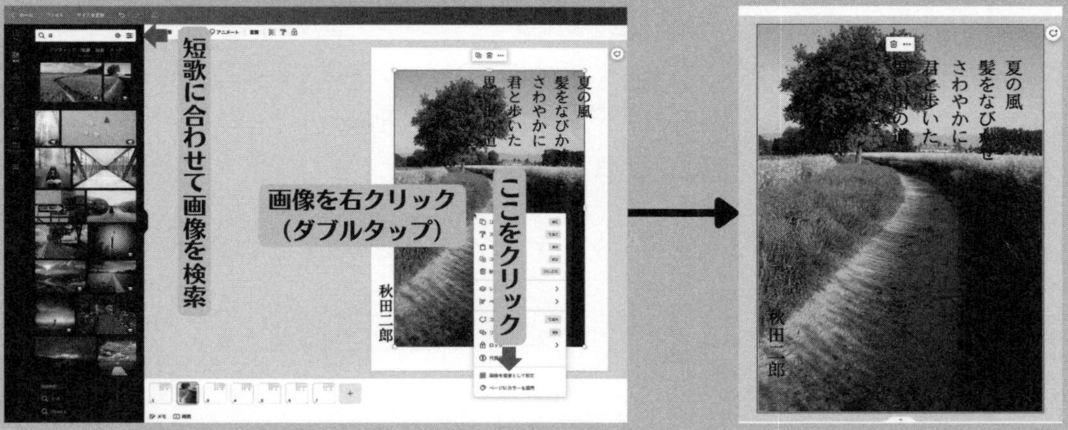

短歌に合わせて画像を検索

画像を右クリック
（ダブルタップ）

ここをクリック

秋田二郎

夏の風
髪をなびかせ
さわやかに
君と歩いた
思い出の道

秋田二郎

夏の風
髪をなびかせ
さわやかに
君と歩いた
思い出の道

3 背景をぼかす

背景画像をクリックし
てからここをクリック

ぼかしを
クリック

秋田二郎

夏の風
髪をなびかせ
さわやかに
君と歩いた
思い出の道

夏の風
髪をなびかせ
さわやかに

君と歩いた
思い出の道

秋田二郎

フォントや位置
を整えて完成

45 心情メーターを作る

道徳

Magic Eraser／画像を背景として設定／ページの複製

　道徳の授業でよく使われる心情メーターを Canva で作りましょう。全員の気持ちの動きを同時に把握できるので，子どもたちの気持ちがどのタイミングで変化したのかを把握できます。

●— Canva活用のポイント

① デザインを作成する

　右上のデザインを作成をクリックしてプレゼンテーションでデザインを新規作成します。左サイドバーの素材をクリックし，検索バーで「メーター」を検索します。グラフィックのすべて表示をクリックして，気に入ったメーターをデザインに挿入します。

　写真を編集をクリックして Magic Eraser を起動します。メーターの針を塗りつぶすと，画像から針だけが消えます。

　メーターの画像を右クリック（ダブルタップ）して画像を背景として設定をクリックしてメーターをデザインの背景に設定します。

　素材で「指」を検索しお好みの指をクリックして大きさと位置を整えます。

② ページの複製と共有

　右下のグリッドビューをクリックし，作成したページの…（3点リーダー）をクリックします。1ページを複製をクリックして，クラスの人数分複製しましょう。ページをクリックした後にキーボードで Ctrl（command）＋D を押しても同じことができます。

　その後，お使いの環境に合わせて共有リンクを発行して子どもたちに伝えましょう。

③ 子どもたちの操作

　子どもたちはリンクを開き，自分の気持ちに合わせて指を動かします。

　教師側はデザインをグリッドビューにしておくと，全員の気持ちを同時にリアルタイムで確認できます。

※2024年2月現在は，Magic Eraser は「背景除去」に名称が変わりました。

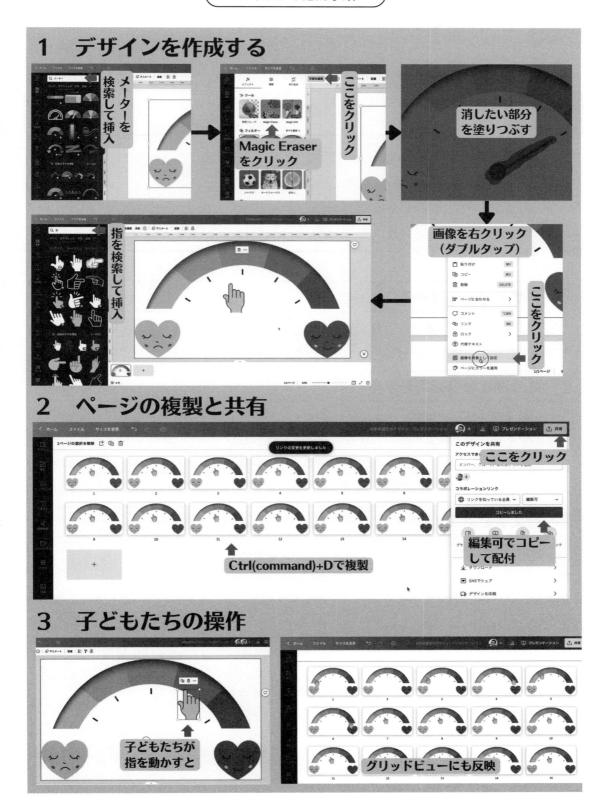

1 デザインを作成する

メーターを検索して挿入

Magic Eraser をクリック

ここをクリック

消したい部分を塗りつぶす

画像を右クリック（ダブルタップ）

ここをクリック

指を検索して挿入

2 ページの複製と共有

ここをクリック

Ctrl(command)+Dで複製

編集可でコピーして配付

3 子どもたちの操作

子どもたちが指を動かすと

グリッドビューにも反映

絵文字で気持ちを表す

46

国語・道徳

スキル	絵文字

国語や道徳の授業で，人物の気持ちを考える時に，絵文字を使うと考えるきっかけになります。

○── Canva活用のポイント ──

① デザインを用意する

　プレゼンテーションで新しいデザインを作成し，コラボレーションリンクを発行して子どもたちに共有します。授業で利用している電子板書のデザインに参加させてもよいでしょう。

② 番号付きの表を用意する

　次ページの右下画像のような名簿番号を入れた表を作成します。そこに絵文字を挿入させると，誰がどの顔文字を選んだのか，誰がまだ回答していないのかを把握しやすくなります。

　完成後に表を選択して右クリック（ダブルタップ）→選択した素材をダウンロードをクリックして表を画像として保存しておくと，再利用できます。

③ 絵文字を追加する

　キーボードのTを押してテキストを追加し，子どもたちへの問いを記入します。

　子どもたちは，左サイドバーのアプリをクリックして絵文字をクリックします。

　検索バーに「顔」と入力すると表示される絵文字が絞り込まれます。自分の気持ちに最も近い絵文字を１つ選択して挿入し，位置と大きさを整えます。必要に応じて左上のカラーをクリックして色を変えさせましょう。

　自分が挿入した絵文字を選択したままにさせておくと，絵文字の上にアカウント名が表示されます。指名して，その絵文字を選んだ理由を説明させましょう。

1　デザインを用意する

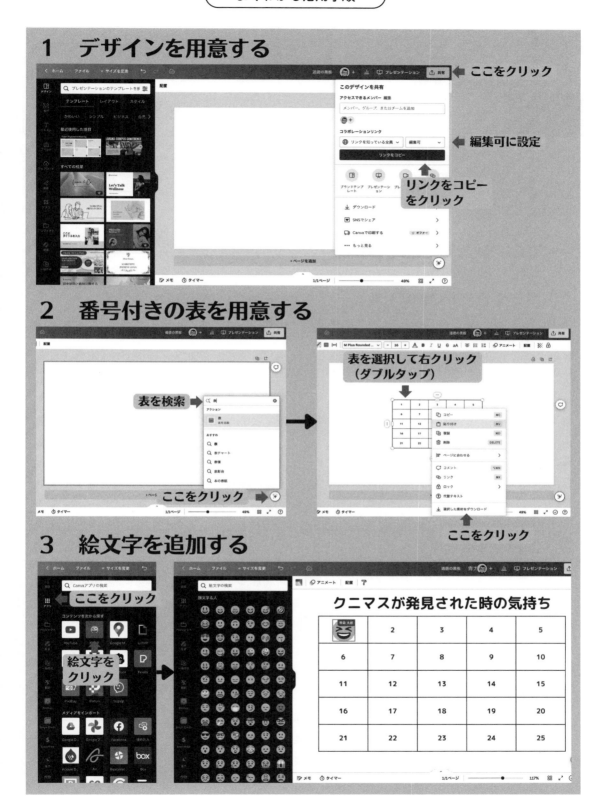

2　番号付きの表を用意する

3　絵文字を追加する

クニマスが発見された時の気持ち

青菜 太郎	2	3	4	5
6	7	8	9	10
11	12	13	14	15
16	17	18	19	20
21	22	23	24	25

「血液の流れ」の ワークシートを作る

理科

スキル	素材の複製／ロック／直線の挿入／直線の先端の変更

> Canvaにはたくさんの素材が用意されているので図入りのワークシートを作るのも簡単です。共有リンクで子どもたちに参加させると，ペーパーレスで作業させられます。

Canva活用のポイント

① ワークシートの作成

　右上のデザインを作成をクリックして文書（A4縦）を選択します。ファイル名を入力してからキーボードのTボタンを押してテキストを挿入してワークシートのタイトルを入力します。左揃えにしてから，Alt（option）キーを押しながらテキストをドラッグして複製し，ワークシートの説明，氏名記入欄，調べさせる臓器の名前を入力します。

　左サイドバーで素材をクリックし，「人体」を検索します。グラフィックのすべて表示をクリックして，血管が描かれている人体をクリックしてデザインに挿入します。人体図の位置と大きさを整えた後，右クリック（ダブルタップ）後にロックをクリックして子どもたちが位置や大きさを変えられないようにします。

　子どもたちの人数分ページを複製し，共有リンクを発行して子どもたちに送りましょう。

② 素材で臓器を探す

　子どもたちは共有リンクを開いたら自分のページを探します。左ツールバーで素材をクリックし，探したい臓器を検索します。気に入った画像を選んでデザインに挿入し，臓器の働きを調べて入力します。

　1つのデザインに全員分のワークシートがまとまっているので，作業が遅い子や自力解決が苦手な子は，友達のページを参考にしながら作業を進めることができます。

③ 直線の挿入

　キーボードのLを押して直線を挿入して，臓器の画像と人体図を結ばせます。上ツールバーの線先をクリックして，線先を矢印に変更します。

1　ワークシートの作成

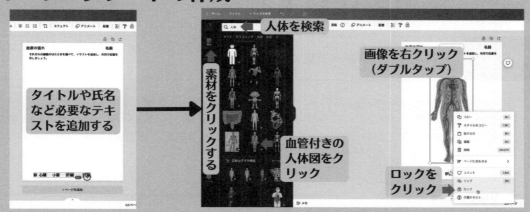

2　素材で臓器を探す

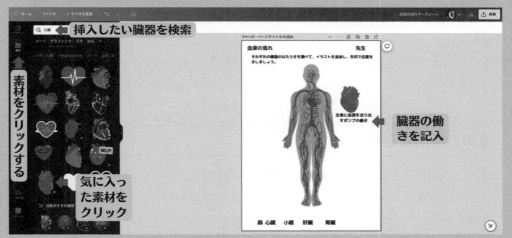

3　直線の挿入

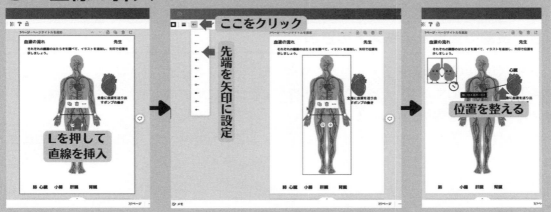

48 社会科のまとめを 関係図にして表す

社会

スキル	直線の挿入／直線へのテキスト追加

図やテキストを直線でつないで，社会科のまとめを作成しましょう。配置した図やテキストを動かすと，それに合わせて直線が伸び縮みするので効率よくまとめを作成できます。

○── **Canva活用のポイント** ────────────

① デザインの作成と素材の配置

ホーム画面右上のデザインを作成をクリックし，カスタムサイズ（297×210mm）でデザインを作成します。その後，まとめに必要な画像や文字を配置します。

お勤めの学校がSARTRASに加入していれば，教科書の図版を取り込んで使うとよいでしょう。加入していない場合はフリー素材を使うか，子どもたちに手書きでイラストを描かせて取り込みましょう。

② 直線の挿入と結合

キーボードのLを押して直線を挿入し，色や太さを設定します。直線の端のハンドルを素材に近づけると結合点が表示されます。これを使って直線を素材に結合することができます。結合点は素材の外周だけでなく中心にも表示されます。各情報の関連性を考えながら，どんどんつないでいきましょう。配置した要素をドラッグして移動すると，接続された直線もそれに合わせて動きます。

③ 直線の調整とテキストの追加

情報の流れの方向性を表現するために結合線を矢印にすることができます。矢印にしたい結合線をクリックしてから，上ツールバーの線先または線末尾をクリックします。先端の形を選択すると，直線が矢印に変わります。

接続線をダブルクリックすると直線上にテキストを入力できます。これにより各情報の関連性や内容を説明する注釈を追加することができます。テキストは選択してからフォントや色，サイズを変更することができます。

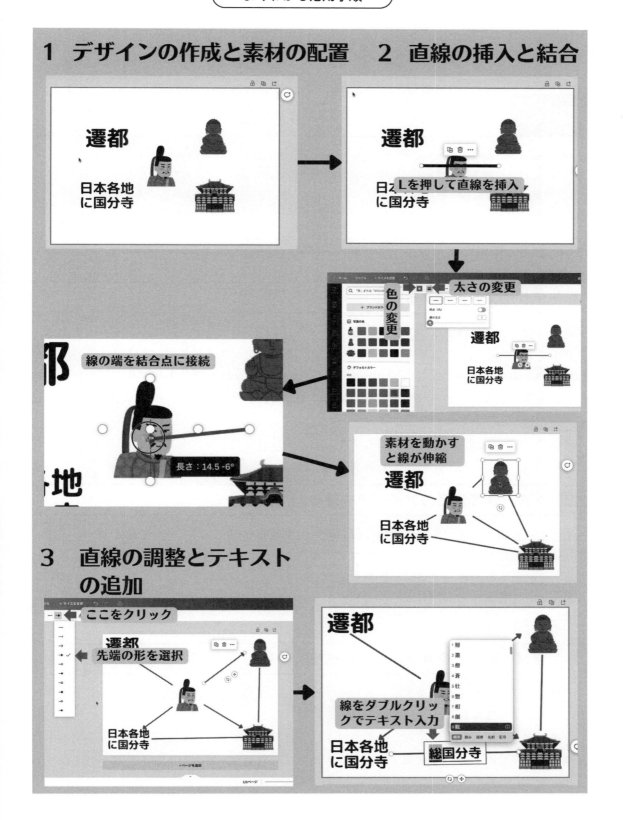

49 造形遊びの イメージをふくらませる 図画工作

スキル	グリッドビュー／ページの複製／画像のアップロード／ホワイトボードに展開

学校の教室や廊下，階段を使った造形遊びの話し合いに Canva を使ってみましょう。撮影した写真に書き込んだり素材を挿入したりして，イメージを膨らませグループで共有できます。

●── Canva活用のポイント ─────

① デザインを用意する

　ホーム画面で右上のデザインを作成をクリックして，プレゼンテーションをクリックします。ファイル名を入力して，右下のグリッドビューをクリックして一覧表示にします。1ページ目のサムネイルをクリックしてキーボード Ctrl（command）＋D を押して，グループ数分＋1枚ページを複製します。ページ番号の右の鉛筆アイコンをクリックして，ページタイトルにグループ名を入力しておきましょう。

　最後のページは説明用として使用します。右上の共有をクリックしてコラボレーションリンクを発行し，子どもたちに伝えましょう。

② グループで作品のアイデアを練る

　子どもたちはデザインを開いたら各自の端末で自分のグループのページを開きます。左サイドバーのアップロードをクリックし，ファイルをアップロードをクリックします。あらかじめ撮影しておいた作品を作る場所の画像を選択し開くをクリックします。アップロードが終わったら画像をクリックしてデザインに挿入し，左サイドバーの描画をクリックして，画像に作品のイメージを書き込みます。

③ 素材の追加と作業スペースの拡張

　素材をクリックして，ペットボトルや紙コップなど作品づくりに使うもののイラストを挿入することもできます。

　作業スペースが狭くなったら，画面を右クリック（ダブルタップ）して，ホワイトボードに展開すると，広々とした作業スペースが得られます。必要なメモなども自由に書き込ませましょう。

1　デザインを用意する

グリッドビューをクリック

ページに名前をつける

共有をクリック

編集可でリンクをコピー

2　グループで作品のアイデアを練る

描画をクリック

テープを下げよう

アイデアを書き込む

校舎の写真を挿入

3　素材の追加と作業スペースの拡張

素材をクリック

テープを下げよう

背景を右クリック（ダブルタップ）

配置

ホワイトボードに展開して作業スペースを広くする

50 文章を「はじめ」「中」「おわり」に分ける

国語

スキル	ロック／ホワイトボードに展開／直線の挿入／コメント

教材文をデザインに挿入して，「はじめ」「中」「おわり」に分けさせましょう。教科書に直接書くよりも作業効率が上がり，子どもたちは思考に集中できます。全体に発表するのも簡単です。

●── Canva活用のポイント ──

① 教材文を用意する

　プレゼンテーションでデザインを新規作成します。教材文をスキャンまたは撮影して画像にしてデザインに挿入します。画像を右クリック（ダブルタップ）してロックをクリックし，画像が動かないようにしましょう。1ページに教材文が入りきらない場合はページの背景を右クリック（ダブルタップ）してホワイトボードに展開するをクリックして，ページを広くします。

　キーボードのLを押して直線を挿入し，回転ハンドルをドラッグして90度回転します。Alt（option）キーを押しながら直線をドラッグして複製して，それぞれ教材文をはさむように左右に配置します。子どもたちの人数分ページを複製して，ページに児童名を記入しましょう。デザインの準備ができたらコラボレーションリンクを発行して子どもたちに伝えて開かせます。

② 文章を分けて理由を書き込む

　デザインを開いたら，文章を読んで「はじめ」と「中」，「中」と「おわり」の境目に直線を移動します。直線をクリック→…（3点リーダー）をクリックしてコメントをクリックすると，直線にコメント書き込むことができます。キーボードのTを押してテキストを挿入したり，Sを押して付箋を挿入したりするのもよいでしょう。

　自力で考えることが難しい子は友達の作業を確認しながら学習を進めることができます。

※注意

　教科書を含む，著作物を授業で使う場合は勤務校がSARTRASに加入していることを確認してください。https://sartras.or.jp/keiyaku/

1 教材文を用意する

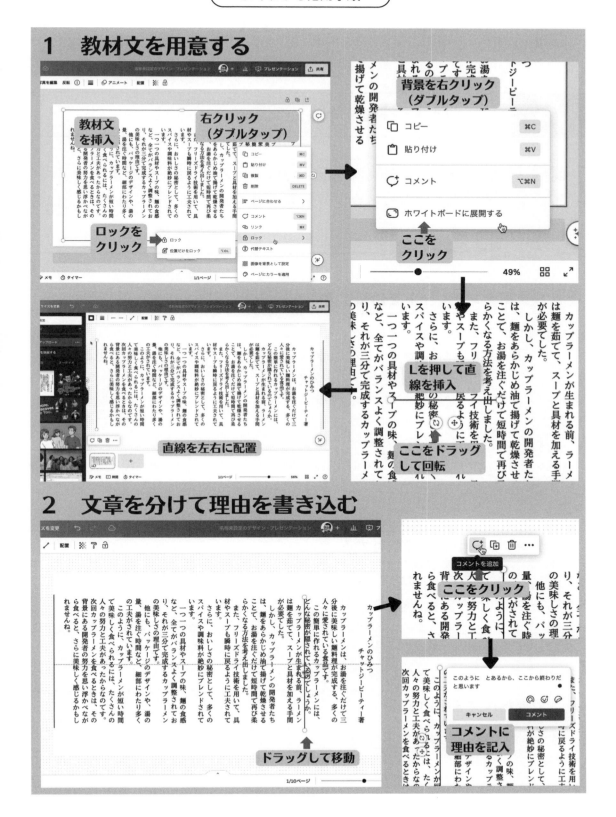

2 文章を分けて理由を書き込む

51 縦書きの作文を書く

スキル テキストの挿入／縦書きテキスト／文字揃え／ページの複製

Canva は Web アプリとしては珍しく，縦書き文書を作成できます。簡単なテンプレートを作って，子どもたちに縦書きの作文を書かせましょう。

●── Canva活用のポイント

1 作文用テンプレートを用意する

ホーム画面で右上のデザインを作成をクリックしてカスタムサイズ（297mm×210mm）でデザインを新規作成します。キーボードの T を押してテキストを挿入して「タイトル」と入力します。上ツールバーで縦書きのテキスト，上揃えにしてフォントを設定後，ページの右端に移動します。タイトルを Alt（option）キーを押しながらドラッグして複製し「氏名」と入力して下揃えにします。さらにタイトルを複製して「本文」と入力して，高さを用紙幅に合わせて伸ばします。

ページ上のページを複製をクリックして，複製されたページの「タイトル」「氏名」を削除して「本文」を右に寄せます。

「本文」を右クリック（ダブルタップ）して，ロック→位置だけをロックとクリックします。

2 テンプレートとして配付する

右上のアカウントアイコンの左のテキストエリアに，デザイン名を入力します。画面が狭い場合はメニューバーのファイルをクリックするとデザイン名を入力できます。

右上の共有→もっと見るとクリックしてテンプレートのリンクをクリックし，コピーをクリックします。このリンクを子どもたちに伝えて開かせて，作文を入力させましょう。3 ページ目が必要になったら 2 ページ目を複製させましょう。

3 できた作文を印刷する

できた作文は共有→ダウンロードとクリックして PDF にして印刷できます。

1　作文用テンプレートを用意する

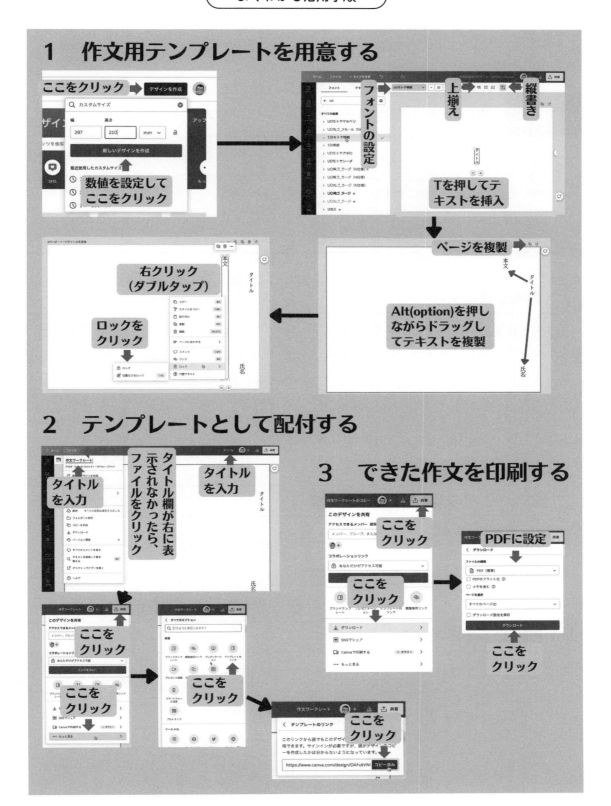

2　テンプレートとして配付する

3　できた作文を印刷する

52 作文に動画を埋め込む

授業全般

スキル	自分を録画／閲覧専用リンク／QR コード／PDF のダウンロード

　Canva で詩や作文を書いたら，作品を音読した動画を埋め込みましょう。QR コードを発行して挿入し印刷，配付すると，音読の様子を手軽に家庭に届けられます。

●── Canva活用のポイント ────────

(1) 音読を録画する

　完成した作文のデザインを開き，左サイドバーのアップロードをクリックし，自分を録画するをクリックします。カメラ，マイク使用の許可を求められたら許可するをクリックします。

　作文を読むのに邪魔にならない位置にカメラの画面を移動し，録画をクリックします。下のサムネイルをクリックするとページが切り替わります。撮影が終わったら録画を停止，完了して，右上の保存して終了をクリックします。動画がアップロードされ，ページに挿入されます。録画中にページを切り替えた場合は，それぞれのページに別の動画として挿入されます。

　必要に応じて位置や大きさを整えましょう。

(2) 動画再生用の QR コードを発行する

　右上の共有をクリックして，閲覧専用リンク→コピーの順にクリックします。

　左サイドバーでアプリをクリックして QR コードをクリックします。URL にコピーしたリンクを貼り付けます。必要に応じてカスタマイズを展開し色や余白を設定できます。コードを生成をクリックすると，デザインに QR コードが挿入されるので，位置や大きさを整えましょう。

(3) PDF にして印刷する

　右上の共有をクリックしてダウンロードをクリックします。ファイルの種類を PDF にしてダウンロードをクリックして，PDF を作成しましょう。印刷したものをスマートフォンなどでスキャンすると作文を音読する動画が表示されます。

1 音読を録画する

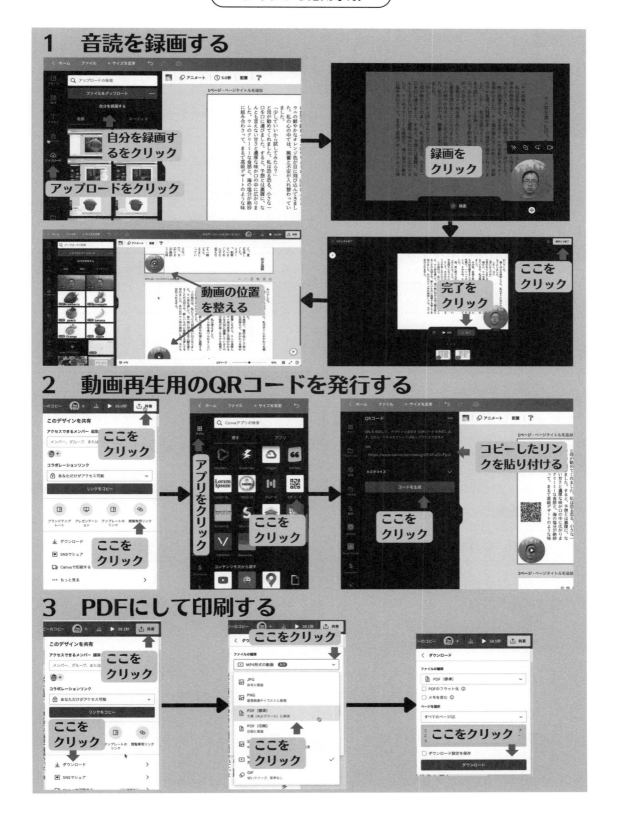

2 動画再生用のQRコードを発行する

3 PDFにして印刷する

ねんど作品に彩色する

図画工作

スキル	画像のアップロード／背景リムーバ／描画／画像を背景として設定／ぼかし

作品を撮影して Canva に取り込み，背景を削除して彩色しましょう。補充などの飛び込み授業でも簡単に実施できます。ねんど以外の立体造形作品でも実施できます。

●── **Canva活用のポイント** ───────

① 写真を撮影する

あらかじめ，ねんど作品を撮影しておきます。あとで背景を削除しやすいように，単調な壁面をバックに撮影します。

② 写真を読み込んで背景を削除する

印刷することを見越して，幅297mm，高さ210mm のカスタムサイズでデザインを新規作成します。左サイドバーからアップロードをクリックしファイルをアップロードをクリックして，撮影した画像を選択，開くをクリックします。

画像をページに挿入して写真を編集をクリック，背景リムーバをクリックして背景を削除して，画像の位置，角度，大きさを整えます。

③ 彩色して背景を設定する

左サイドバーの描画をクリックし，お好みのペンとカラーを選択します。ペンは太め，透明度は低めに設定すると，ねんどの質感を残したまま彩色できます。

彩色が終わったら背景を設定します。左サイドバーの「背景」から選んでもよいのですが，素材の画像を背景にした方が選択肢が増えます。

左サイドバーの素材をクリックして，作品の背景に合う画像を探してページに挿入します。画像を右クリック（ダブルタップ）して画像を背景として設定（背景を差し替え）をクリックすると，作品に背景を設定できます。

背景の画像をクリックし写真を編集→ぼかしをクリックすると，鮮明な背景とは違った作品になります。

1　写真を撮影する

2　写真を読み込んで背景を削除する

ここをクリック

ここをクリック

位置や大きさを整える

ここをクリック

ここをクリック

3　彩色して背景を設定する

ペンの色，太さ，透明度を設定

彩色する

素材をクリック

背景写真を挿入

画像を右クリック（ダブルタップ）

ここをクリック

写真を編集をクリック

ぼかしをクリック

54 歌唱指導用の カラオケ動画を作る

スキル	画像のアップロード／四角形の挿入／音声のアップロード／表示タイミング

カラオケムービーを作りましょう。プロジェクタや大型スクリーンで流すと，自然に子どもたちの顔が上がります。

●── Canva活用のポイント

① デザインを作成して歌詞の画像を挿入する

　ホーム画面で右上のデザインを作成をクリックして動画を選択します。教科書の歌詞のページや校歌の楽譜を撮影した画像を左ツールバーのアップロード→ファイルをアップロードの順にクリックしてデザインに挿入します。

　アップロード後にトリミングした画像を右クリック（ダブルタップ）→画像を背景として設定をクリックします。または画像をロックして動かなくします。

② ハイライト表示の準備をする

　キーボードのRを押して四角形を挿入して，１小節目の歌詞に合わせて大きさと位置を調整します。カラーをクリックして色を薄めの色に変更し，透明度を下げて歌詞が見えるようにします。Alt（option）を押しながらドラッグして，すべての小節の歌詞に重ねましょう。

③ 曲をアップロードして，ハイライトの表示タイミングを変更する

　左サイドバーのアップロードをクリックし，ファイルをアップロードをクリック。あらかじめ用意しておいた音声ファイルを選択して開くをクリック。アップロード終了後，使用するファイルをクリックしてデザインに音声ファイルを挿入します。

　動画を曲と同じ長さにしてから，挿入した四角形を選択して右クリック（ダブルタップ）→タイミングを表示をクリックすると，タイムライン上に青いバーが表示されます。バーの右端のアイコンをクリックして表示されるタイミングを設定します。

※オンライン上で歌詞や曲などの著作物を使う場合は，授業で使う場合でも SARTRAS（授業目的公衆送信補償金制度）への申請が必要です。

1　デザインを作成して歌詞の画像を挿入する

2　ハイライト表示の準備をする

3　ハイライトの表示タイミングを変更する

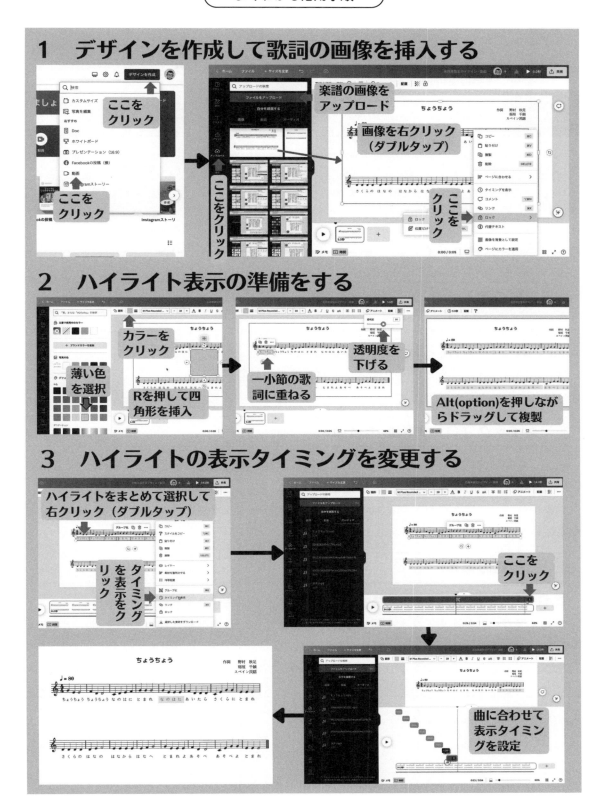

55

基本図形で
ウェビングマップを作る

国語他

スキル	円の挿入／四角形の挿入／線の連結

基本図形のクイックフローを使うと，簡単にウェビングマップを作成できます。作文の構成を練るのに使ったり，歴史上の人物をまとめたりするのに活用できます。

○── Canva活用のポイント ─────────────

① 図形の挿入

　プレゼンテーションで新しいデザインを作成します。キーボードのＣを押すと円が挿入されます。四角形を挿入したい場合はＲを押します。

　挿入後，図の内側に文字を入力することができます。図形挿入後には，クイックフローが有効になっていることを確認してください。

② クイックフローで図形の追加

　挿入した図形の周りの矢印をクリックすると，新たな図形が元の図形と連結した形で追加されます。追加された図形を動かすと，連結線がそれに合わせて伸び縮みします。

　先端の矢印が不要な時は，連結線をクリックして上ツールバーに表示された線末尾をクリックすると矢印を消せます。

③ 連結線の操作

　連結線をクリックして表示されるハンドルを動かすと，曲がり具合を変更できます。ウェビングマップづくりを進めて図形を増やすと，同じところから連結線が伸びるのでだんだん狭く苦しくなってきます。

　そのような時は，連結線をクリックしラインタイプをストレートにします。連結線の端をドラッグし，連結位置を図形の外周から図形の中央につなぎ直すと，連結線が放射状に伸びるようになります。これで自然な感じでウェビングマップを作ることができます。

1　図形の挿入

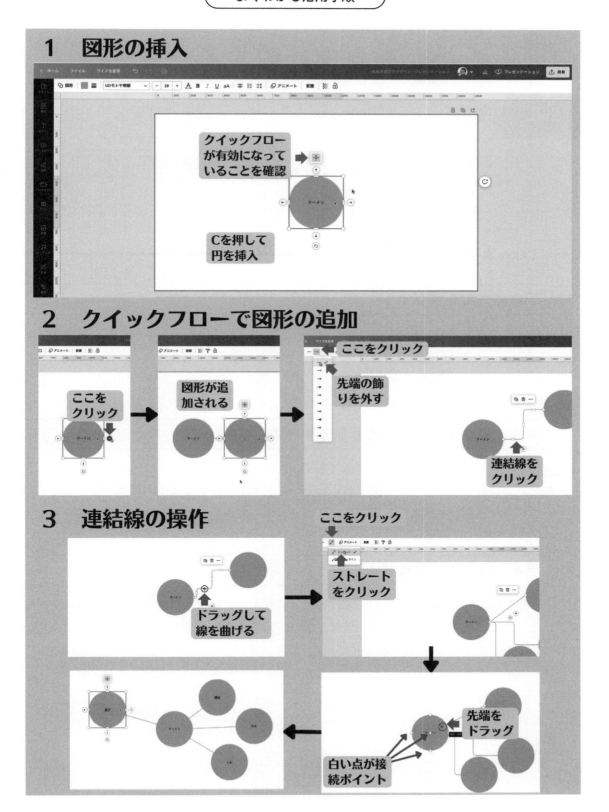

2　クイックフローで図形の追加

3　連結線の操作

56 習字の手本とためし書きを比較する

書写

スキル	画像のアップロード／背景リムーバ／透明度の変更

習字の学習で，子どもたちが自分の文字と手本の文字を重ねて比較できるワークシートを作ります。文字の透明度を下げることで文字を比較しやすくなります。

○— Canva活用のポイント

① 手本の文字を撮影する

手本となる文字を用意します。学校が SARTRAS に加入している場合は教科書付属の手本を使うとよいでしょう。撮影する際は，真正面から撮影し，文字が歪まないようにしましょう。撮影した画像は Canva に取り込む前にトリミングして，可能な限り文字だけにします。これは，後で綺麗に背景を削除するための事前処理です。

② 手本をアップロードして背景を削除する

プレゼンテーションでデザインを作成します。左サイドバーでアップロードをクリックしファイルをアップロードをクリック，撮影した画像をアップロードします。画像を挿入したら写真を編集をクリックして背景リムーバをクリックし手本の背景を削除します。子どもたちの人数分ページを複製し，共有リンクを発行します。

③ 手本と試し書きを比較する

子どもたちは試し書きの画像をアップロードしデザインに配置します。上ツールバーで透明度をクリックして透明度を下げます。画像を重ね，手本と自分の字の違いを比較させ，練習の方針を立てさせます。

左ツールバーの描画をクリックし，ペンで気付いたことを書き込ませるとよいでしょう。友達とページを見せ合って，アドバイスをし合うのもよいですね。

まとめ書きができたら，同じように撮影してページに追加させ，手本，試し書き，まとめ書きを並べましょう。

1 手本の文字を撮影する

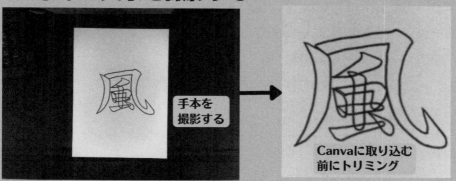

手本を撮影する

Canvaに取り込む前にトリミング

2 手本をアップロードして背景を削除する

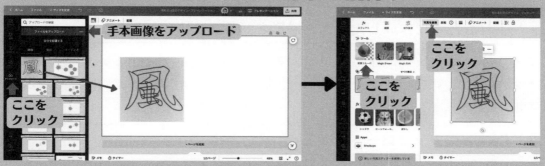

手本画像をアップロード

ここをクリック

ここをクリック

ここをクリック

3 手本と試し書きを比較する

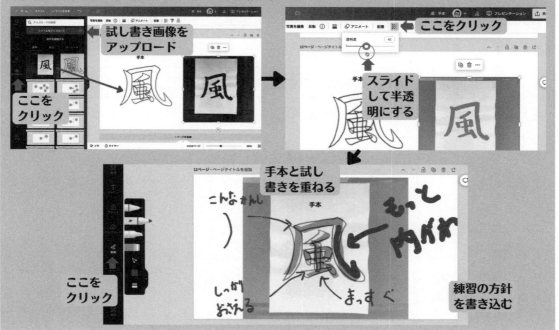

試し書き画像をアップロード

ここをクリック

ここをクリック

透明度

スライドして半透明にする

手本と試し書きを重ねる

ここをクリック

練習の方針を書き込む

子どもたちが作った手書き問題を プリントにする

算数

スキル 画像のアップロード／背景リムーバ／PDF のダウンロード

算数の問題づくりで子どもたちがノートに書いた問題を宿題プリントにしましょう。個別端末で同時に作業することで45分の授業時間内に問題づくりからプリント作成まで無理なく行えます。

◯— Canva活用のポイント

① 子どもたちに作成した問題を撮影させる

子どもたちの端末で，ノートやプリントに書いた自作問題を撮影させます。不要な余白はトリミングして削除するようにさせます。また，問題を書く時はなるべく濃く書くように指示しておきます。

② Canva にアップロードさせる

文書（Ａ4縦）で作成して共有したデザインを開かせ，左サイドバーのアップロードをクリックさせ，ファイルをアップロードをクリックさせます。

撮影画像をアップロードさせ，デザインに共有させます。あらかじめ，挿入する場所と大きさを指定すると混乱が生じません。

③ 画像の背景を削除して PDF にする

挿入した画像をクリックして画像編集をクリック，背景リムーバをクリックして背景を削除します。

キーボードのTを押してテキストを挿入し，プリントのタイトルや名前記入欄を入力します。右上の共有をクリックしダウンロードをクリック。ファイルの種類を PDF に変更してダウンロードをクリック，ファイル名と保存場所を指定して PDF をダウンロードします。

PDF を開いて印刷すると，子どもたちが作成した問題がプリントになります。

私の学級では，作成したプリントは宿題として配付し，翌日の朝に，問題を作成した人に丸付けしてもらうようにしています。

1 子どもたちに作成した問題を撮影させる

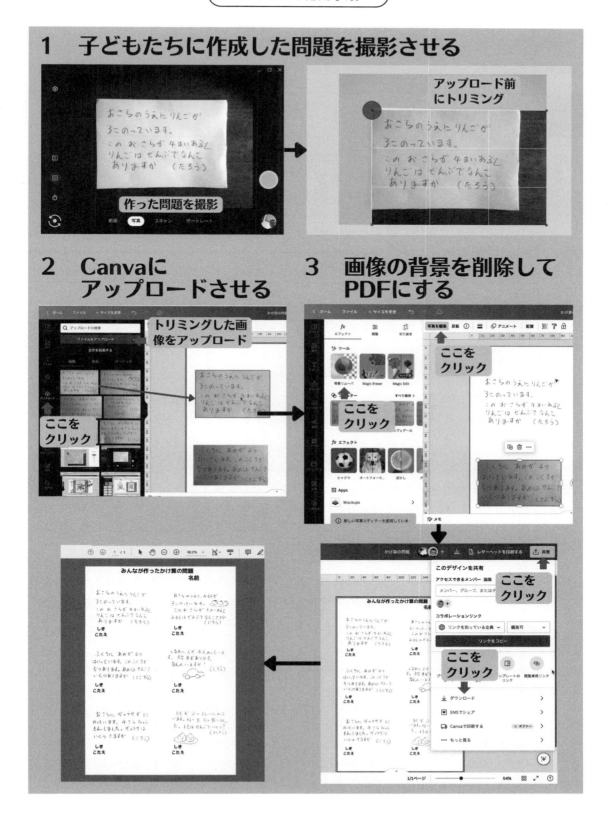

2 Canvaにアップロードさせる

3 画像の背景を削除してPDFにする

モノになりきって詩を作る①

国語

スキル	直線の挿入／円の挿入／ロック／テンプレート

> Canva で思考ツールのテンプレートを作ると子どもたちの思考を誘い加速することができます。
> ここでは人間以外のモノになりきるために共感マップを使い「なりきり詩」を書いてみましょう。

●── Canva活用のポイント

① 共感マップを作成する

　ホーム画面右上のデザインを作成をクリックし，プレゼンテーションで新しいデザインを作成します。

　キーボードの L を押して直線を挿入しページの対角線を 2 本引きます。キーボードの C を押して円を挿入し左上のカラーをクリックして円の塗りつぶしを白にします。罫線スタイルをクリックして実線をクリックしたあとに，太さ，大きさを整え，中央に配置します。

　左サイドバーの素材をクリックし「目」を検索して，気に入った目を共感マップの中央円の右側に挿入します。同じように円の左側に耳，円の上に脳，円の下に口と手のイラストを挿入します。Ctrl（command）＋A キーでデザイン上のすべての要素を選択しロックをクリックして挿入した要素を動かしたり消したりできないようにします。

② テンプレートリンクを発行する

　なりきり詩は，詩を読み合って，何になりきったのかを当てることにおもしろさがあります。コラボレーションリンクを発行しての共有では，それぞれの共感マップが見えてしまうので，テンプレートリンクから子どもたち各自のアカウントにデザインのコピーを作成する必要があります。

　右上の共有から Google Classroom や Microsoft Teams に送ると，自動的にテンプレートリンクが発行され，子どもたちに配信されます。

　これらのサービスを活用できない場合は，右上の共有をクリックしてもっと見るをクリックします。共有カテゴリの中のテンプレートのリンクをクリックしてコピーをクリックするとクリップボードに URL がコピーされます。コピーした URL を子どもたちに伝えて開かせると，それぞれのアカウントに共感マップのコピーが作成されます。

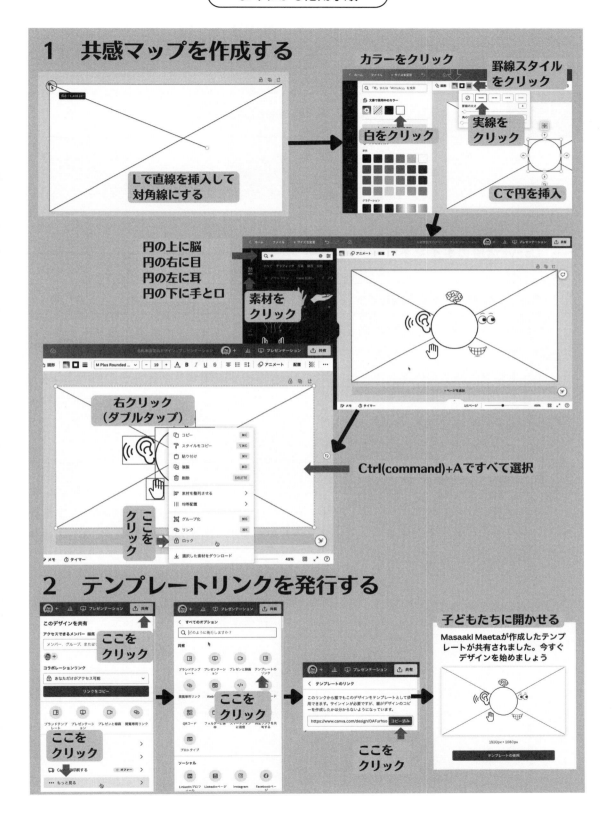

1 共感マップを作成する

カラーをクリック

罫線スタイル
をクリック

白をクリック

実線を
クリック

Lで直線を挿入して
対角線にする

Cで円を挿入

円の上に脳
円の右に目
円の左に耳
円の下に手と口

素材を
クリック

右クリック
（ダブルタップ）

ここを
クリック

Ctrl(command)+Aですべて選択

2 テンプレートリンクを発行する

ここを
クリック

ここを
クリック

ここを
クリック

ここを
クリック

ここを
クリック

子どもたちに開かせる

Masaaki Maetaが作成したテンプ
レートが共有されました。今すぐ
デザインを始めましょう

1920px × 1080px

59

モノになりきって詩を作る②

国語

スキル	付箋の挿入／メモ／スペース／四角形の挿入

> Canvaで思考ツールのテンプレートを作ると子どもたちの思考を誘い加速することができます。
> ここでは人間以外のモノになりきるために共感マップを使い「なりきり詩」を書いてみましょう。

● **Canva活用のポイント**

① **モノになりきって共感マップを埋める**

　ここでは例として消しゴムになりきってみます。左ツールバーで素材をクリックして消しゴムを検索します。気に入った素材をクリックしてデザインに挿入し，円に収めます。

　キーボードのSを押して付箋を挿入し，消しゴムになりきってセリフを書きます。円の右側には見えること，左側には聞こえてくること，上には考えたこと，下には話したことや行ったことを書きます。付箋の上下左右の＋マークをクリックすると付箋が追加されます。消しゴムになりきり，ほかの項目も含めて付箋を増やしていきましょう。

② **詩を書いて発表する**

　デザインの左下のメモをクリックして左サイドバーにメモ欄を展開します。共感マップを見ながらメモ欄に詩を書いていきます。メモ欄は横書きですが，あとから縦書きにするので数字は漢数字を使うように指導しましょう。

　詩ができたら新しいページを追加します。新しいページでキーボードのTを押してテキストを挿入し，上のツールバーで縦書き，上揃えに変更して位置を整えます。共感マップのページのメモ欄でCtrl（command）＋Aで詩を全選択し，Ctrl（command）＋Cでコピーします。詩のページに移動して，先ほど作成したテキストにCtrl（command）＋Vで貼り付けます。ツールバーのスペースをクリックして，全体のバランスを見ながら文字間隔や改行幅を調整したり，テキストエリアの四隅のハンドルをドラッグしてテキストの大きさを整えたりしましょう。

　発表する前に，キーボードのRを押して四角形を挿入し，タイトルや本文の中の，何になりきったのか直接わかる部分を隠しておくと，楽しく発表できます。

1 モノになりきって共感マップを埋める

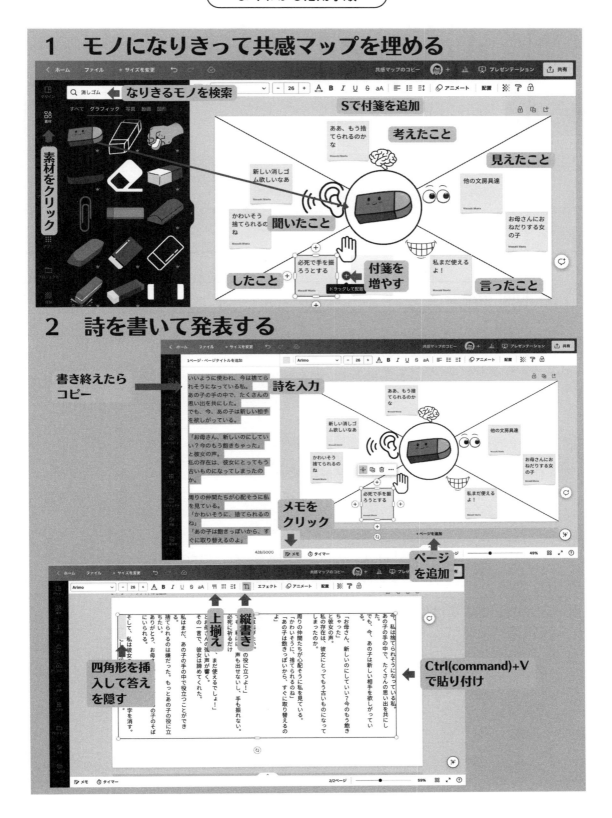

2 詩を書いて発表する

60 Canva のデザインを Padlet に貼り付けてコメントする

授業全般

スキル	クリップボードにコピー

Canva にもコメント機能がありますが，一覧表示ではコメントが表示されません。Padlet と組み合わせると児童の作品を一覧にして，コメントをつけ合うことができます。

○── Canva活用のポイント

① Padlet の準備

Padlet のアカウントがない場合は右ページ QR コードの動画（https://bit.ly/3RpADZP）を参考にしてアカウントを登録してください。

Web ブラウザのアドレスバーに padlet.new と入力しエンターを押して新しいボードを作成します。設定を開き，タイトルと説明を入力します。作成者をオンにして新しい投稿の挿入位置が最初になっていることを確認します。コメントをオンにしリアクションを展開していいねにチェックを入れます。準備が完了したら共有リンクをコピーして子どもたちに伝えましょう。

② Canva のデザインをクリップボードにコピーする

子どもたちは，Canva での作品づくりが終わったら右上の共有をクリックし，もっと見るをクリック，クリップボードにコピーをクリックします。コピーするページを確認してからクリップボードにコピーをクリックします。デザインが準備されコピーが完了するのを待ちます。画像としてダウンロードしてもよいのですが，この方法だとゴミファイルが増えません。

③ Padlet に貼り付けて作品にコメントする

Padlet のリンクを開き，Ctrl（command）＋V を押すと，クリップボードにコピーされた画像がアップロードされます。タイトルや説明を入力して公開をクリックすると，作品が Padlet のボードに公開されます

投稿された画像をクリックして画像を大きくします。右サイドバーにコメント欄が表示されるので，いいね！をしたり，コメントを投稿することができます。

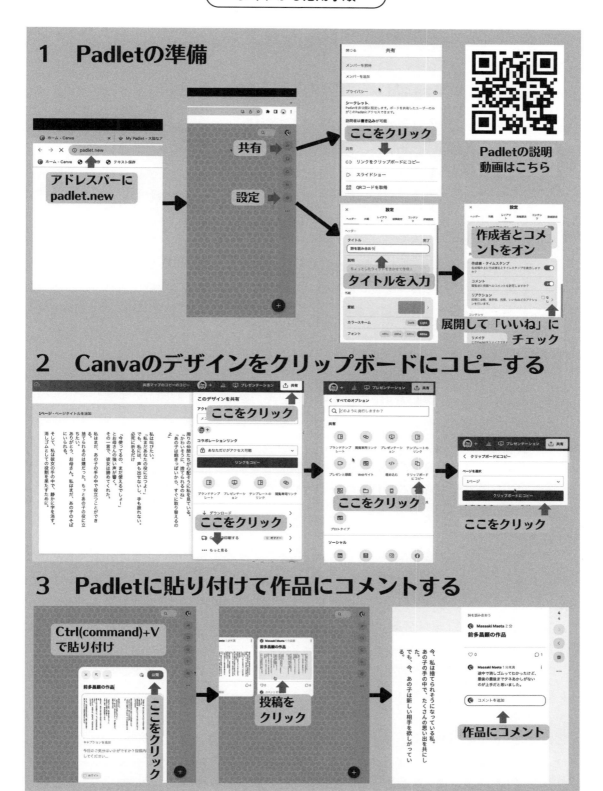

1　Padletの準備

アドレスバーに
padlet.new

共有

設定

ここをクリック

Padletの説明
動画はこちら

タイトルを入力

作成者とコメ
ントをオン

展開して「いいね」に
チェック

2　Canvaのデザインをクリップボードにコピーする

ここをクリック

ここをクリック

ここをクリック

ここをクリック

3　Padletに貼り付けて作品にコメントする

Ctrl(command)+V
で貼り付け

ここをクリック

投稿を
クリック

作品にコメント

おわりに

昭和の授業を令和のテクノロジーで

　昭和の授業を令和のテクノロジーで昇華させることは，伝統と革新の融合とも言えるでしょう。私が行っているのは，昭和時代から続く教科書をベースにした授業ですが，そこにテクノロジーの小さなスパイスを加えるだけで，授業の質が飛躍的に向上します。これは，昔ながらの授業スタイルに現代のテクノロジーを取り入れて，時代のニーズに合わせた教育を実現しようとするシンプルな試みです。

　「不易流行」という言葉が示すように，変わらない本質と，時代に応じた変化とを見極めることは，教育においても重要です。この言葉はしばしば，新しいものを取り入れることへの警鐘として誤解されがちですが，実は進化を促すための指針として非常に有効です。GIGA スクール構想がもたらした１人１台のデバイスという新環境は，まさに不易流行の精神を実践する絶好の機会と言えるでしょう。

　昭和の授業デザインに最新の ICT を組み込むことで，かつては１時間近くを要していた授業が，その半分程度で終わるようになり，生まれた時間を有意義に使うことができるようになりました。この時間を利用して，子どもたちは自らの思考を深め，他者との議論を通じて多角的な視点を獲得し，より複雑な問題に挑戦する機会を得ることができます。これは，単に知識を伝えるだけでなく，子どもたちの批判的思考力や問題解決能力を養うための重要なステップです。

　一方で，チョークと黒板を用いた従来の教授法も，その価値が完全に否定されるべきものではありません。GIGA スクール構想が進む中で，多くの人がチョーク＆トークを古い方法と捉えるかもしれません。確かに，チョーク＆トークには時間効率の面で見直すべき点があります。そこで Canva のようなデジタルツールを活用することによって，伝統的な授業方法の長所を残しつつ，より現代的で効率的なタイプ＆トークのスタイルへと進化させることができるのです。Canva を用いると，伝統的なチョーク＆トークの授業が，よりダイナミックに，子どもたちが直接参加できる形で行われるようになります。

　私の授業への Canva 導入は，黒板が見えにくいという小柄な子どもの声から始まりました。その子にただ席を移動させるだけではなく，Canva の共有機能を利用して，それぞれの子どもが自分の端末で板書を見られるようにしました。これにより，身長や座席位置に左右されるこ

となく，すべての子が平等に板書を見ることが可能となり，より公平な学習環境を実現できたのです。また，これは単なる問題解決に留まらず，みんなが同じ機会を享受できるユニバーサルデザインの授業環境への一歩となりました。

　これらの変化は，昭和の授業が令和のテクノロジーと出合うことで生まれたものです。従来の教育技法に最新のテクノロジーを組み合わせることで，私たちは授業のあり方を根本から変えることができます。

　それは，昭和の教室で行われていた授業活動の時間を大幅に短縮し，子どもたちがそれぞれの能力を伸ばすための時間を作り出すことに他なりません。Canva をはじめとするテクノロジーは，授業時間をより生産的なものに変え，子どもたちが思考力を鍛え，創造性を発揮し，社会に出てからも活躍できるような能力を育てるために利用されるべきです。

　私のこの小さな試みが，令和の日本型教育の実現への一石を投じることができれば幸いです。教育の未来は，私たち一人ひとりの手に委ねられています。

　この本を手にとって下さった先生方は，Canva を使って，自分の授業を効率化し，その空いた時間で子どもたちにたっぷりと活動の機会を提供してあげてください。そうすることで，子どもたちの未来に対する準備が整い，彼らが社会で成功するための基盤が築かれるのです。

　この本のあとがきに寄せて，私は，書くこと，教えること，生きることに対する情熱を再確認しました。皆さんの温かい支援と鼓舞に心から感謝し，一介の野良 Canva ユーザーとしての私から，最大限の敬意と感謝の気持ちを送ります。

　子どもたちの未来に橋をかけるために，共に歩みを進めていきましょう。

2024年 2 月

前多　昌顕

Canva スキル　逆引き索引

【著者紹介】

前多　昌顕（まえた　まさあき）

青森県公立小学校教諭
青森県プログラミング教育研究会発起人で事務局長
マイクロソフト認定教育イノベーターエキスパート（MIEE）
2018-2024，マイクロソフトイノベーティブエデュケーターフェロー2021-2024，Google for Education 認定トレーナー，日本初の Flip 認定教員レベル3，NPO法人学修デザイナー協会理事で学修デザインシート開発者。
著書に『先生のための ICT ワークハック』『先生のための ICT 超高速業務ハック　時間を生み出すデジタル仕事術』（ともに明治図書），共著に『逆引き版　ICT 活用授業ハンドブック』（東洋館出版）等がある。
日本見切れ写真協会家元

先生のための Canva ハック60＋α
全仕事に役立つ万能ツール活用術

| 2024年2月初版第1刷刊 | ©著　者 | 前　　多　　昌　　顕 |
| 2024年10月初版第5刷刊 | 発行者 | 藤　　原　　光　　政 |

発行所　明治図書出版株式会社
http://www.meijitosho.co.jp
（企画）新井皓士（校正）中野真実
〒114-0023　東京都北区滝野川7-46-1
振替00160-5-151318　電話03(5907)6701
ご注文窓口　電話03(5907)6668

＊検印省略　　　　組版所　中　央　美　版

Printed in Japan　　ISBN978-4-18-331428-4

もれなくクーポンがもらえる！読者アンケートはこちらから→
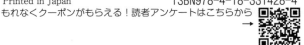